SSC_A_1128_04. Apoyo y soporte técnico al tejido asociativo

Aránzazu Rodríguez Jover

SSC_A_1128_04. Apoyo y soporte técnico al tejido asociativo
© Aránzazu Rodríguez Jover

1ª Edición

© IC Editorial, 2026

Editado por: IC Editorial
c/ Cueva de Viera, 2, Local 3
Centro Negocios CADI
29200 Antequera (Málaga)
Teléfono: 952 70 60 04
Fax: 952 84 55 03
Correo electrónico: iceditorial@iceditorial.com
Internet: www.iceditorial.com

ISBN: 979-13-7027-130-5
Depósito Legal: MA 161-2026

Impresión: PODiPrint
Impreso en Andalucía – España

Nota de la editorial: IC Editorial pertenece a Innovación y Cualificación S. L.

Presentación del manual

El **Certificado Profesional,** anteriormente llamado Certificado de Profesionalidad, constituye el Grado C en el Sistema de Formación Profesional, asociado a un perfil profesional. Acredita la capacitación para el desarrollo de una actividad profesional concreta a través de las competencias adquiridas. Tiene carácter parcial y acumulable cuando existan Ciclos Formativos (Grado D) en los que sus módulos profesionales se encuentren contenidos en su totalidad o en parte.

El elemento mínimo acreditable es el **Estándar de Competencia.** La suma de las acreditaciones de los Estándares de Competencia conforma la acreditación del **Módulo Profesional** (Grado B).

Un Estándar de Competencia se define como una agrupación de tareas productivas que realiza el profesional. Los diferentes Estándares de Competencia de un Certificado Profesional conforman la **Competencia General.** Definiendo el conjunto de conocimientos y capacidades que permiten el ejercicio de una actividad profesional determinada.

Cada Estándar o Estándares de Competencia lleva asociado un Módulo Profesional, donde se describe la formación necesaria para adquirir ese Estándar de Competencia, pudiendo dividirse en **Bloques Formativos** (Grado A).

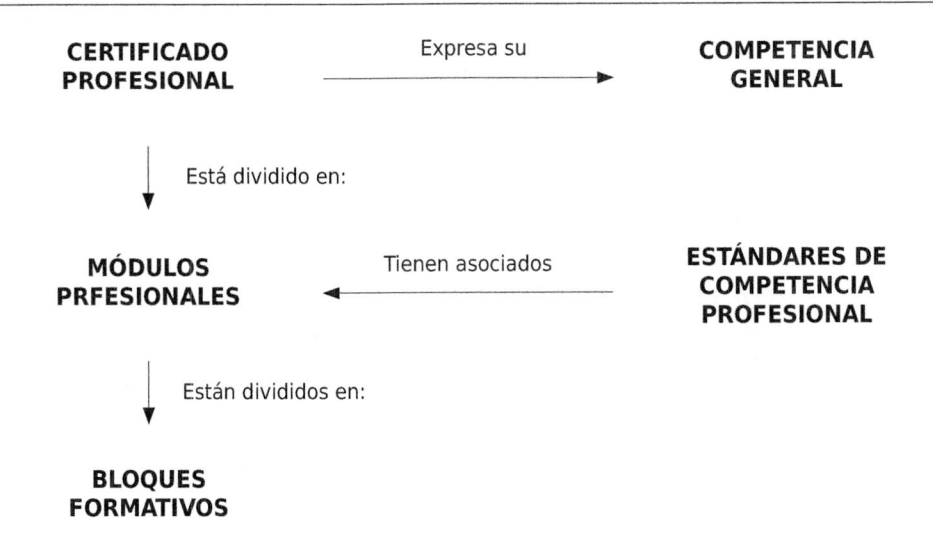

El presente manual desarrolla el Bloque Formativo **SSC_A_1128_04 Apoyo y soporte técnico al tejido asociativo**

Perteneciente al Módulo Profesional **SSC_B_1128. Desarrollo comunitario,**

Asociado al Estándar/Estándares de Competencia:

⇨ **UC1020_3:** Establecer y mantener relación con los principales agentes comunitarios: población, técnicos y administraciones, dinamizando la relación recíproca entre ellos.
⇨ **UC1021_3:** Promover la participación ciudadana en los proyectos y recursos comunitarios.
⇨ **UC1023_3:** Intervenir, apoyar y acompañar en la creación y desarrollo del tejido asociativo.
⇨ **UC1025_3:** Aplicar procesos y técnicas de mediación en la gestión de conflictos entre agentes comunitarios.

del Certificado Profesional **SSC_C_009_5B. Intervención para la promoción de la igualdad de género en el ámbito comunitario y organizacional y la participación social de las mujeres**

		ESTÁNDARES DE COMPETENCIA
SSC_A_1128_04		
APOYO Y SOPORTE TÉCNICO AL TEJIDO ASOCIATIVO	Tiene asociado el ◄────────	**UC1020_3 UC1021_3 UC1023_3 UC1025_3**

Compuesto de los siguientes
BLOQUES FORMATIVOS

⌄

SSC_A_1128_01. Diseño de proyectos comunitarios

SSC_A_1128_02. Realización de actividades para promover la participación ciudadana en procesos comunitarios

SSC_A_1128_03. Aplicación de recursos y estrategias para promover la comunicación y el intercambio de información entre los agentes comunitarios

TÍTULOS ──

**SSC_A_1128_04.
Apoyo y soporte técnico al tejido asociativo**

Contenidos desarrollados en este manual

SSC_A_1128_05. Desarrollo de procesos de mediación comunitaria

SSC_A_1128_06. Realización de actividades de evaluación de los proyectos comunitarios

FICHA DE CERTIFICADO PROFESIONAL

SSC_C_009_5B. INTERVENCIÓN PARA LA PROMOCIÓN DE LA IGUALDAD DE GÉNERO EN EL ÁMBITO COMUNITARIO Y ORGANIZACIONAL Y LA PARTICIPACIÓN SOCIAL DE LAS MUJERES
(Real Decreto 208/2025, de 18 de marzo)

COMPETENCIA GENERAL: Programar, desarrollar y evaluar intervenciones relacionadas con la promoción de la igualdad de género y la participación social de las mujeres, aplicando estrategias y técnicas del ámbito de la intervención social y detectando situaciones de riesgo de discriminación por razón de sexo.

Estándares de Competencias Profesionales		Ocupaciones o puestos de trabajo relacionados
UC1020_3	Establecer y mantener relación con los principales agentes comunitarios: población, técnicos y administraciones, dinamizando la relación recíproca entre ellos.	• Promotores/as de igualdad de trato y de oportunidades entre mujeres y hombres. • Promotores/as para la igualdad efectiva de mujeres y hombres. • Técnicos/as de apoyo en materia de igualdad efectiva de mujeres y hombres.
UC1021_3	Promover la participación ciudadana en los proyectos y recursos comunitarios.	
UC1023_3	Intervenir, apoyar y acompañar en la creación y desarrollo del tejido asociativo.	
UC1025_3	Aplicar procesos y técnicas de mediación en la gestión de conflictos entre agentes comunitarios.	
UC1453_3	Promover y mantener canales de comunicación en el entorno de intervención, incorporando la perspectiva de género.	
UC1582_3	Detectar e informar a organizaciones, empresas, mujeres y agentes del entorno de intervención sobre relaciones laborales y la creación, acceso y permanencia del empleo en condiciones de igualdad efectiva de mujeres y hombres.	
UC1583_3	Participar en la detección, análisis, implementación y evaluación de proyectos para la igualdad efectiva de mujeres y hombres.	
UC1454_3	Favorecer la participación de las mujeres y la creación de redes estables que, desde la perspectiva de género, impulsen el cambio de actitudes en la sociedad y el «empoderamiento» de las mujeres.	

Correspondencia con el Catálogo Modular de Formación Profesional		
Módulos profesionales	**Bloques formativos**	**Horas**
SSC_B_1128. Desarrollo comunitario (100 h)	SSC_A_1128_01. Diseño de proyectos comunitarios	15
	SSC_A_1128_02. Realización de actividades para promover la participación ciudadana en procesos comunitarios	20
	SSC_A_1128_02. Realización de actividades para promover la participación ciudadana en procesos comunitarios	20
	SSC_A_1128_04. Apoyo y soporte técnico al tejido asociativo	15
	SSC_A_1128_05. Desarrollo de procesos de mediación comunitaria	20
	SSC_A_1128_06. Realización de actividades de evaluación de los proyectos comunitarios	15

>>>

Correspondencia con el Catálogo Modular de Formación Profesional		
Módulos profesionales	**Bloques formativos**	**Horas**
SSC_B_1401. Información y comunicación con perspectiva de género (250 h)	SSC_A_1401_01. Análisis de los procesos de comunicación desde la perspectiva de género	50
	SSC_A_1401_02. Detección de situaciones de discriminación por razón de género en los procesos de comunicación e información	55
	SSC_A_1401_03. Diseño de actuaciones de comunicación e información desde la perspectiva de género	55
	SSC_A_1401_04. Implementación de actuaciones de comunicación e información no sexistas	45
	SSC_A_1401_05. Evaluación de actuaciones de comunicación e información desde la perspectiva de género	45
SSC_B_1403. Promoción del empleo femenino (250 h)	SSC_A_1403_01. Caracterización de la situación de la mujer en materia de empleo	45
	SSC_A_1403_02. Organización de actividades de promoción de igualdad efectiva en materia de empleo	50
	SSC_A_1403_03. Organización de actividades de asesoramiento y prospección de empresas	55
	SSC_A_1403_04. Desarrollo de procesos de orientación e información a las mujeres en materia de empleo	55
	SSC_A_1403_05. Realización de actividades de seguimiento del proceso de promoción del empleo	45
SSC_B_1404. Ámbitos de intervención para la promoción de igualdad (190 h)	SSC_A_1404_01. Caracterización del entorno de intervención desde la perspectiva de género	30
	SSC_A_1404_02. Diseño de estrategias para la igualdad efectiva entre hombres y mujeres	25
	SSC_A_1404_03. Organización de acciones para informar y sensibilizar sobre el trabajo no remunerado de las mujeres en el ámbito doméstico	30
	SSC_A_1404_04. Aplicación de estrategias para informar y sensibilizar sobre las medidas de conciliación en los diferentes ámbitos y contextos de intervención	25
	SSC_A_1404_05. Realización de actividades de control y seguimiento de la intervención en materia de igualdad efectiva	30
SSC_B_1405. Participación social de las mujeres (100 h)	SSC_A_1405_01. Caracterización de la participación social de las personas	15
	SSC_A_1405_02. Diseño de estrategias para promover la participación social de las mujeres en el ámbito público	15
	SSC_A_1405_03. Diseño de estrategias para promover el empoderamiento de las mujeres	15
	SSC_A_1405_04. Desarrollo de estrategias de intervención en procesos grupales	15
	SSC_A_1405_05. Desarrollo de procesos de acompañamiento y asesoramiento a mujeres	20
	SSC_A_1405_06. Realización de actividades de evaluación de los proyectos comunitarios	20
1782. Prevención de riesgos laborales		30

Índice

OBJETIVOS GENERALES

Los objetivos generales de **SSC_A_1128_04. Apoyo y soporte técnico al tejido asociativo,** son:

- Interpretar el marco legal y los procedimientos administrativos para la constitución y gestión de una entidad o asociación.
- Cumplimentar los documentos de constitución de una entidad o asociación.
- Caracterizar la estructura organizativa y funcional de las entidades y asociaciones.
- Describir el papel y las funciones del dinamizador comunitario en el desarrollo y mantenimiento del tejido asociativo.
- Identificar los cauces para solicitar documentación de diferentes organismos, instituciones y recursos que gestionan información.
- Identificar las ayudas y prestaciones que pueden recibir las entidades o asociaciones por parte de las administraciones.
- Elaborar bases de datos y guías sobre recursos de apoyo al tejido asociativo.

Organización y gestión de entidades del tercer sector

Contenido

Objetivo

Los objetivos específicos de esta Unidad de Aprendizaje son:

→ Conocer el marco legal y los procedimientos administrativos para la constitución y gestión de una entidad o asociación.

→ Asegurar la adecuada cumplimentación de los documentos de constitución de una entidad o asociación.

→ Elaborar bases de datos y guías sobre recursos de apoyo al tejido asociativo.

→ Identificar organismos, instituciones y recursos que gestionan información.

→ Identificar las características de la estructura organizativa y funcional de entidades y asociaciones.

1. Introducción

Desde los orígenes de la humanidad nos encontramos con diversos tipos de actuaciones que tienen por finalidad actuar sobre el medio social para mejorar el bienestar de las personas; un ejemplo son las ayudas al necesitado y los preceptos éticos en las relaciones sociales que se recogen en el Código de Hammurabi (2100 a. C.).

La acción social evoluciona junto con la humanidad, mediante la implementación de actuaciones que fomentan la participación ciudadana en el desarrollo humano sostenible. Esto conlleva la creación de diversas modalidades de entidades dentro del denominado "tercer sector", que promueven el bienestar social y cívico desde una orientación al servicio público y al bien común. Además, al operar en una diversidad de campos —como la salud, la educación, el medio ambiente y los derechos humanos— y al conllevar un impacto transformador que complementa y, a menudo, suple las labores de los gobiernos y del sector privado, estas entidades se han consolidado como actores cruciales en el desarrollo social y en el apoyo a comunidades de todo el mundo.

El crecimiento del tercer sector refleja la creciente demanda por acciones que promuevan el bienestar social y cívico desde una orientación al servicio público y al bien común, sin los intereses inherentes al lucro. Las entidades que forman parte del tercer sector representan el 1,44 % del PIB, y realizaron más de 47 millones de intervenciones durante 2023. Además, cerca del 3,2 % del empleo depende de él y, dentro del sector, se observa un elevado grado de emprendimiento social orientado a generar un cambio positivo, que se manifiesta en diversas formas jurídicas, entre ellas las ONG, las asociaciones y las fundaciones.

Cuando las diversas organizaciones que componen el tercer sector están legalmente constituidas, disponen de plena personalidad jurídica y, por tanto, tienen capacidad para ejercer sus derechos, actividades y asumir obligaciones de una manera responsable y autónoma para alcanzar la finalidad y objetivos establecidos en sus estatutos.

Para realizarlo, es necesario implementar el modelo metodológico propio de las organizaciones que aprenden, es decir, facilitar el aprendizaje de todos sus miembros para consolidar una visión compartida, fundamentada en el conocimiento de unos objetivos comunes, y en un aprendizaje constante de conocimientos, competencias y herramientas que ayudan a la organización a alcanzar sus objetivos. De esta forma, se asegura una transformación continua que asegure la innovación y cohesión social necesarias para aumentar las cotas de bienestar.

Para conocer los diferentes aspectos relacionados con las diferentes entidades del denominado tercer sector, nos basaremos en las funciones que desempeña Luisa, técnica de promoción de igualdad de género, que trabaja en un centro de información a la mujer (CIM). Ella está orientando a un grupo de tres amigas con diferente titulación que desean crear una entidad dentro del tercer sector para mejorar el bienestar de las mujeres y, al mismo tiempo, generar sus propios puestos de trabajo.

2. Organizaciones no gubernamentales (ONG): fundaciones y asociaciones de carácter social

 HILO CONDUCTOR

Tras concertar una cita en el Centro de Información de la Mujer del municipio en el que residen, las tres mujeres son atendidas por Luisa, la técnica para la promoción de igualdad de género, que informará sobre los diferentes tipos de entidades existentes en el tercer sector.

La carta magna de cualquier estado social, democrático y de derecho recoge como derecho fundamental el derecho de asociación, que se desarrolla posteriormente de manera normativa para especificar las características de las organizaciones privadas carentes de ánimo de lucro, con independencia de si tienen un interés general o bien un interés particular.

 EJEMPLO

La Constitución española de 1978 establece, en su artículo 22, el derecho de asociación, y lo desarrolla en la Ley Orgánica 1/2002, de 22 de marzo, reguladora del Derecho de Asociación.

Todas las organizaciones carentes de ánimo de lucro están reguladas en la **Ley 43/2015, de 9 de octubre, del Tercer Sector de Acción Social.**

 **DEFINICIÓN**

Entidades del tercer sector
El artículo 2.1 de la Ley 43/2015 las define así:

"Aquellas organizaciones de carácter privado, surgidas de la iniciativa ciudadana o social, bajo diferentes modalidades, que responden a criterios de solidaridad y de participación social, con fines de interés general y ausencia de ánimo de lucro, que impulsan el reconocimiento y el ejercicio de los derechos civiles, así como de los derechos económicos, sociales o culturales de las personas y grupos que sufren condiciones de vulnerabilidad o que se encuentran en riesgo de exclusión social".

Existen diversas modalidades de organizaciones que forman parte del tercer sector:

Organizaciones singulares	Fundaciones	Asociaciones de carácter social

2.1. Las organizaciones no gubernamentales (ONG)

Las ONG son entidades sin ánimo de lucro que persiguen fines de interés general. Surgen como tales tras la II Guerra Mundial, aunque realizan actuaciones desde finales del siglo XVIII.

 EJEMPLO

En 1791, el grupo Clapham Sect, al que pertenecían W. Wilberforce y T. Clarkson, comenzó a presentar en el Parlamento británico mociones para poner fin a la trata de esclavos. En 1807, el Parlamento aprobó la Ley de Comercio de Esclavos que representa el Acta de abolición de la trata esclavista en Reino Unido.

En 1869 se constituye en Estados Unidos la Asociación Nacional por el Sufragio de la Mujer.

Continúa en página siguiente >>

<< Viene de página anterior

En 1863, se funda la Cruz Roja.

En 1887, España aprueba la Ley de Asociaciones, de 30 de junio, para regular a las asociaciones con fines religiosos, políticos, científicos, artísticos, benéficos y de recreo; así como los gremios, las sociedades de socorro mutuo y de previsión de patronos, y las cooperativas de producción, de crédito o de consumo.

El término ONG fue utilizado, por primera vez, en 1945, cuando la ONU (Organización de las Naciones Unidas) lo incluyó en el artículo 71 de la Carta de las Naciones Unidas, al reconocer la importancia de que la sociedad civil contribuya, junto con los gobiernos y las empresas, a la mejora del bienestar común.

 DEFINICIÓN

ONG
Una organización, grupo o institución sin ánimo de lucro que opera independientemente de un gobierno y que tiene objetivos humanitarios o de desarrollo.

Además, la ONU crea el ICSO (sistema integrado de organizaciones de la sociedad civil), que conlleva beneficios para:

- **La ciudadanía:** el registro de los perfiles generales de la organización en el ICSO (sistema integrado de organizaciones de la sociedad civil) permite a la ciudadanía acceder a una base de datos de las ONG colaboradoras con la ONU.
- **La ONU:** incluir a las ONG permite colaborar con ellas en la difusión de temas de interés para la ONU.
- **Las ONG:** la inclusión en el ICSO conlleva grandes beneficios para las ONG:

  - Recibir información sobre eventos y colaboración con la ONU.
  - Recibir asistencia técnica para fortalecer sus capacidades organizativas.
  - Poder participar en diferentes foros, entre los que se encuentran:

⇕ Foro de las Naciones Unidas sobre Empresas y los Derechos Humanos, que persigue fomentar dentro de las empresas el respeto por los derechos humanos.

⇕ Foro Social del Consejo de Derechos Humanos, que promueve la cohesión y aborda la dimensión social y los problemas causados por la mundialización mediante una reunión anual que dura 3 días y se suele realizar en el mes de octubre.

Es importante señalar que las ONG no tienen una forma jurídica propia; son entidades de derecho privado que buscan el bien común y no particular, que están presentes en diversos sectores (menores, mujeres, desarrollo...) y que pueden adoptar la personalidad jurídica de:

Fundaciones	Asociaciones

2.2. Las fundaciones

Las fundaciones se encuentran reguladas en la **Ley 50/2002, de 26 de diciembre, de Fundaciones**, la cual las define, en su artículo 2, como "organizaciones constituidas sin fin de lucro que, por voluntad de sus creadores, tienen afectado de modo duradero su patrimonio a la realización de fines de interés general". Además, a lo largo de su articulado regula las características propias de esta entidad sin ánimo de lucro, estableciendo que:

> Se rigen por la voluntad de su creador, sus estatutos y por lo establecido en la ley.

> Persiguen fines de interés general que beneficien a colectividades genéricas de personas, pudiendo tener esta consideración los colectivos de trabajadores de una o varias empresas y sus familiares.

> Deben incluir en su denominación la palabra "fundación".

> Tienen personalidad jurídica desde la inscripción de la escritura pública en el registro de fundaciones.

> Deben tener su domicilio estatutario en el lugar donde se encuentre la sede del patronato.

> Dependen del Protectorado de la Administración General del Estado o de la CC. AA. en la que ejercen su actividad.

PARA SABER MÁS

Puedes acceder a la Ley 50/2002, de 26 de diciembre, de Fundaciones, desde aquí.

https://redirectoronline.com/1128040101

 DEFINICIÓN

Patronato
Órgano de gobierno y representación de la fundación que adoptará sus acuerdos por mayoría en los términos establecidos en los estatutos, y que se encarga de cumplir con los fines fundacionales y de administrar con diligencia los bienes y derechos que integran el patrimonio de la fundación, manteniendo su rendimiento y utilidad.

Protectorado
Órgano administrativo adscrito a una Administración pública encargado de velar por el cumplimiento de la legalidad y el correcto funcionamiento de las fundaciones. Realiza actuaciones de: asesoramiento y apoyo técnico, control y supervisión, protección de los derechos de la fundación, impulso de la legalidad y fomento de la transparencia.

 PARA SABER MÁS

En la web del Ministerio de Cultura puedes acceder a las direcciones de protectorados y registros existentes en España. En las diferentes URL obtendrás

Continúa en página siguiente >>

<< Viene de página anterior

información sobre la documentación, los procedimientos y la manera de contactar con ellos a través de su dirección postal, su *e-mail* y su teléfono. Mediante estas vías obtendrás información que solventará las dudas que te puedan surgir.

https://redirectoronline.com/1128040102

2.3. Las asociaciones

Las asociaciones son entidades de derecho privado carentes de ánimo de lucro que persiguen fines altruistas y solidarios con objeto de aumentar los niveles de bienestar. Pueden financiarse mediante la realización de actividades económicas y disponen, dentro de sus recursos humanos, tanto de personas contratadas como de personas voluntarias.

 **DEFINICIÓN**

Sin ánimo de lucro
La carencia de ánimo de lucro conlleva que no se puedan repartir los beneficios o excedentes económicos obtenidos anualmente entre los socios, sino que deben reinvertirse para cumplir la finalidad de la asociación. No impide la realización de actividades económicas para financiar las actividades que permiten a la asociación alcanzar su finalidad.

Las asociaciones se pueden clasificar en:

Asociaciones de interés particular
- Son aquellas que buscan mejorar el bienestar de sus miembros. Un ejemplo son las asociaciones de alumnos, las vecinales, las deportivas...

Asociaciones de interés general
- Son aquellas que buscan mejorar el bienestar de la sociedad.

Asociaciones declaradas de utilidad pública
- Son aquellas que cumplen con los requisitos establecidos normativamente.

Las asociaciones, federaciones y confederaciones declaradas de utilidad pública tienen una serie de:

⮊ **Derechos:** el reconocimiento de la utilidad pública conlleva que la asociación:

1. Use la denominación "Declarada de utilidad pública" en toda clase de documentos tras su denominación, lo cual aumenta su reputación.
2. Disfrute de las exenciones y beneficios fiscales reconocidos normativamente, como por ejemplo los reconocidos en la Ley 49/2002, de 23 de diciembre, de Régimen Fiscal de las Entidades sin Fines Lucrativos y de los Incentivos Fiscales al Mecenazgo.
3. Obtenga asistencia jurídica gratuita, de manera que dispone de abogado y procurador de oficio.

⮊ **Obligaciones:** la obtención del reconocimiento conlleva que la asociación tenga que:

1. Rendir cuentas del año anterior. Para su elaboración debe seguir lo estipulado normativamente en:

   ⇕ La Resolución de 26 de marzo de 2013, del Instituto de Contabilidad y Auditoría de Cuentas, por la que se aprueba el Plan de Contabilidad de las entidades sin fines lucrativos.
   ⇕ La Resolución de 26 de marzo de 2013, del Instituto de Contabilidad y Auditoría de Cuentas, por la que se aprueba el Plan de Contabilidad de pequeñas y medianas entidades sin fines lucrativos.

2. Presentar una memoria descriptiva de las actividades realizadas durante el ejercicio ante el organismo encargado de verificar su constitución y de efectuar su inscripción en el registro correspondiente, en el que quedará depositada dicha memoria.
3. Facilitar a las administraciones públicas cuantos informes les requieran.

El **Real Decreto 1740/2003, de 19 de diciembre, sobre Procedimientos Relativos a Asociaciones de Utilidad Pública,** establece el procedimiento para que la Administración emita una declaración mediante la cual reconoce que las entidades son de utilidad pública.

Este procedimiento se caracteriza por:

Solicitud a instancia de parte	- Se presenta en el registro de asociaciones autonómico o estatal en el que la asociación está inscrita. - Se utiliza el modelo normalizado y es firmada por la persona representante de la entidad.
Documentación adjunta a la solicitud	- Memoria resumen de la actividad de los dos ejercicios anteriores - Cuentas anuales de los dos últimos ejercicios: balance de situación, cuentas de resultados y memoria económica - Certificado de la Agencia Estatal de la Administración Tributaria, donde conste que se encuentra al corriete en el cumplimiento de las obligaciones tributarias y que no constan deudas con el Estado de naturaleza tributaria en el periodo ejecutivo - Certificado de la Tesorería General de la Seguridad Social, que acredite estar al corriente de sus obligaciones con la Seguridad Social - Copia compulsada, en su caso, del alta del epígrafe correpondiente al Impuesto sobre Actividades Económicas (IAE) - Certificado del acuerdo del órgano de la asociación que sea competente por el que se solicita la declaración de utilidad pública
Resolución	- El órgano resolutivo que concede la declaración es el Ministerio del Interior, con independencia del registro en el que la asociación esté inscrita.

PARA SABER MÁS

Puedes acceder al Real Decreto 1740/2003, de 19 de diciembre, sobre Procedimientos Relativos a Asociaciones de Utilidad Pública desde aquí.

https://redirectoronline.com/1128040103

El Ministerio del Interior, para facilitar la solicitud de entidad de utilidad pública, ha puesto a disposición de las organizaciones y de la ciudadanía en general los modelos pertinentes para presentar la solicitud. Puedes acceder a la información a través del siguiente enlace.

https://redirectoronline.com/1128040104

ACTIVIDAD COMPLEMENTARIA

1. Busca en internet cinco entidades que consideres que podrían ir recogidas en la base de datos y en las guías sobre recursos de apoyo al tejido asociativo, por su relevancia.

3. Marco legal del tercer sector

☞ HILO CONDUCTOR

El tercer sector es importante tanto a nivel económico como social y, por ello, existen una serie de normas que lo regulan. Luisa facilita información sobre estas normas a las personas interesadas en crear una entidad.

El tercer sector influye en el PIB (**producto interior bruto**) de los países, generando:

- **Un impacto económico directo :** diversos documentos, entre los que se encuentra el Barómetro del tercer sector de acción social en España, ponen de manifiesto que las entidades del tercer sector aportan en torno al 1,44 % del PIB, gracias a donaciones, subvenciones y actividades comerciales y de servicios.
- **Empleo directo e indirecto:** diversos documentos ponen de manifiesto que las entidades del tercer sector generan un empleo caracterizado por relaciones laborales menos jerárquicas, en las que se reconoce el talento y se fomenta el desarrollo personal y social. Asimismo, establecen sinergias con otros sectores productivos, como las empresas socialmente responsables o los puestos de trabajo generados en otros ámbitos, con el fin de promover la igualdad entre las personas.
- **Innovación y cohesión social:** las sinergias entre el tercer sector y otros sectores productivos conllevan que las empresas innoven para fomentar la cohesión social. Un ejemplo de ello son las adaptaciones tecnológicas para asegurar el acceso a las nuevas tecnologías a personas con discapacidad sensorial.

Existe una gran variedad de normativa, que regula aspectos relacionados con:

| Su constitución | - Las organizaciones del tercer sector son personas jurídicas y, por tanto, para que sus actos tengan validez deben estar constituidas conforme a derecho. |

Continúa en página siguiente >>

<< Viene de página anterior

Su financiación	- A las entidades del tercer sector les son de aplicación diversas normas, entre las que se encuentran la Ley General Tributaria, la Ley General de Subvenciones, la Ley del Impuesto de Sociedades y la Ley Concursal, entre otras.
Legalidad de sus actuaciones	- Para evitar el blanqueo de capitales, la financiación del terrorismo y otros delitos tipificados por la ley, se ha creado un código de conducta relativo a las inversiones de las entidades sin ánimo de lucro. Además, a las entidades del tercer sector también les resulta aplicable la normativa relacionada con la Ley de Transparencia (Ley 19/2013, de 9 de diciembre, de Transparencia, Acceso a la Información Pública y Buen Gobierno), mediante la cual están obligadas a publicar información sobre su gestión, la justificación de subvenciones y otros aspectos relevantes.

La Agencia Estatal Boletín Oficial del Estado (AEBOE) ha creado la Biblioteca Jurídica Digital del BOE para facilitar el acceso gratuito a información sobre normativa relevante para la ciudadanía.

 **VÍDEO**

En el siguiente vídeo, elaborado por la Agencia Estatal Boletín Oficial del Estado, puedes obtener más información sobre la Biblioteca Jurídica Digital. Accede desde aquí.

https://redirectoronline.com/1128040105

Además, diversas entidades elaboran manuales para favorecer el cumplimiento de la normativa.

 ACTIVIDAD 1

Luisa trabaja como promotora para la igualdad de género en CIM, y le ha pedido cita una asociación de mujeres que forma parte del Consejo Municipal de la Mujer. Están pensando en realizar actividades de conciliación familiar como vía para adquirir fondos con los que financiar sus actividades. Desean conocer la normativa que es de aplicación. ¿Qué información facilitará Luisa?

4. Proceso de creación de una asociación/ fundación

 HILO CONDUCTOR

Además de informar sobre las particularidades de cada tipo de organización, características y marco legislativo, Luisa considera importante informar del proceso de creación de las entidades del tercer sector.

Crear una asociación o fundación es un proceso que puede resultar complejo debido a los múltiples aspectos legales, organizativos y logísticos implicados. Sin embargo, es un proceso vital para formalizar el trabajo colaborativo y lograr un impacto significativo en el ámbito social deseado. Este apartado detalla paso a paso cómo llevar a cabo la creación de estas organizaciones dentro del marco del tercer sector, como continuación del capítulo anterior sobre el marco legal que rige estas entidades en muchos países.

Antes de iniciar los trámites legales, es importante elaborar un **plan estratégico** en el cual, entre otros aspectos, se defina:

MISIÓN

Describe la razón de ser de la organización, sus objetivos fundamentales y el público al que pretende servir.

VISIÓN

Debe proyectar el objetivo a largo plazo de la organización, hacia dónde se dirige y qué pretende lograr en el futuro.

 **EJEMPLO**

A continuación, se indican algunos ejemplos de "misión" de organizaciones del tercer sector de mujeres y para mujeres:

- Promover la igualdad de género y el empoderamiento de las mujeres a través de la educación, el apoyo mutuo y la incidencia política, para construir una sociedad más justa e inclusiva.
- Trabajar para erradicar la violencia de género, promoviendo la igualdad, el respeto y la autonomía de las mujeres, a través de la sensibilización, la prevención, la atención a víctimas y la incidencia política.
- Fomentar la autonomía económica de las mujeres.
- Representar y ayudar a las mujeres que viven y trabajan en el medio rural.
- Promover, fomentar y desarrollar el espíritu empresarial femenino, así como crear un entorno que facilite el acceso de las mujeres a recursos, formación y oportunidades de *networking* para alcanzar su máximo potencial en el mundo empresarial.

A continuación, se indican algunos ejemplos de "visión" en las organizaciones de mujeres y para mujeres:

- Ser un catalizador del cambio social a través del acceso universal a la educación de calidad para todas las niñas y mujeres.
- Ser una agente de cambio social comprometida con la igualdad de género y el logro de una sociedad igualitaria.
- Ser una organización referente en el empoderamiento económico de las mujeres, creando un ecosistema donde puedan prosperar y liderar iniciativas empresariales con impacto social.

Continúa en página siguiente >>

<< Viene de página anterior

- Ser líderes reconocidas en el desarrollo rural sostenible, promoviendo la igualdad de género y el empoderamiento de las mujeres, para construir comunidades rurales prósperas y resilientes.

La Ley 43/2015, de 9 de octubre, del Tercer Sector de Acción Social, establece en su artículo 4 que, con independencia de su naturaleza jurídica, las entidades deben tener personalidad jurídica propia y naturaleza jurídica privada, para lo cual es necesario que estén inscritas en el registro de asociaciones o bien en el registro de fundaciones; en ambos casos es necesaria la presentación de unos estatutos.

4.1. Proceso para la creación de asociaciones

Todas las personas tienen el derecho a asociarse libremente para conseguir fines lícitos en asociaciones, federaciones, confederaciones y uniones de asociaciones.

 **DEFINICIÓN**

Federaciones, confederaciones y uniones de asociaciones
El artículo 2 del R. D. 949/2015, de 24 de octubre, define las federaciones, confederaciones y uniones de asociaciones como "entidades asociativas de segundo grado, cuyos promotores son personas jurídicas de naturaleza asociativa constituidas al amparo de dicha ley orgánica e inscritas en el Registro Nacional de Asociaciones o en los correspondientes registros autonómicos de asociaciones". Especifica que "se consideran federaciones y uniones las entidades promovidas por tres o más asociaciones, y confederaciones las entidades promovidas por un mínimo de tres federaciones".

La Ley Orgánica 1/2002, de 22 de marzo, reguladora del Derecho de Asociación, establece que, para que estén legalmente constituidas, deben estar inscritas en el registro de asociaciones que les corresponda en función de su ámbito territorial de intervención. Además, la inscripción implica la separación del patrimonio de la organización de sus socios fundadores, lo cual conlleva una exención en materia de responsabilidad patrimonial:

➲ **Registro nacional:** se encuentra regulado mediante el Real Decreto 949/2015, de 24 de octubre, y es "un registro público, de carácter administrativo y único para todo el territorio del Estado" (artículo 3), que depende del Ministerio del Interior y en el que se inscriben "las asociaciones, federaciones, confederaciones y uniones de asociaciones de ámbito estatal, y de todas aquellas que no desarrollen principalmente sus funciones en el ámbito territorial de una única comunidad autónoma, siempre que, en ambos casos, no tengan fin de lucro y no estén sometidas a un régimen asociativo específico. También se encarga de la inscripción de las delegaciones de las asociaciones extranjeras que desarrollen actividades en España de forma estable o duradera" (artículo 1). En el artículo 34 se establecen los tipos de inscripciones que se realizan:

a) **A solicitud del interesado:**

   a. Constitución de asociaciones.
   b. Constitución de federaciones, confederaciones y uniones de asociaciones
   c. Transformación de asociaciones (por cambio de ámbito geográfico o régimen jurídico).
   d. Modificación de estatutos.
   e. Identidad de los titulares de la junta directiva u órgano de representación.
   f. Apertura y cierre de delegaciones y establecimientos.
   g. Incorporación y separación de asociaciones a federaciones, confederaciones y uniones, o de cualquiera de estas a entidades internacionales.
   h. Fusión de asociaciones.
   i. Disolución de asociaciones.
   j. Delegaciones en España de asociaciones extranjeras.

b) **De oficio:**

   a. Inscripciones ordenadas por resolución judicial firme.
   b. Inscripciones relativas a la declaración y revocación de la utilidad pública de las asociaciones de ámbito estatal.

⮑ **Registros autonómicos:** estos registros administrativos se encuentran regulados por la normativa propia de cada comunidad autónoma que, en virtud del principio de jerarquía normativa, no puede ir contra una norma de rango superior. Además, para facilitar la constitución de asociaciones autonómicas, el Ministerio del Interior pone a disposición de la ciudadanía y de personas "promotoras" o "fundacionales" información sobre normativa básica autonómica.

 PARA SABER MÁS

Puedes acceder a la Ley Orgánica 1/2002, de 22 de marzo, reguladora del Derecho de Asociación desde aquí.

https://redirectoronline.com/1128040106

Con independencia del registro en el que se deba inscribir la asociación, deben cumplirse los requisitos estipulados en la Ley Orgánica 1/2002, de 22 de marzo, para asegurar una resolución favorable. Dichos requisitos son:

⮑ **Existencia de personas promotoras/fundacionales:** para constituir una asociación es necesario un mínimo de 3 personas físicas o jurídicas, denominadas "promotoras" o "fundadoras", que manifiesten su voluntad y compromiso mediante la firma del acta fundacional. Estos socios, en el caso de constituir una asociación juvenil, deben tener edades comprendidas entre los 14 y los 30 años, conforme a lo estipulado en el R. D. 397/1988, de 22 de abril, por el que se regula la inscripción registral de las asociaciones juveniles. En el caso de personas de naturaleza jurídica es necesario certificar el acuerdo válidamente adoptado por el órgano competente.

⮑ **Acta fundacional:** el acuerdo de constitución se manifiesta en el acta fundacional, donde las personas promotoras o fundadoras expresan su voluntad de crear la asociación y establecen los primeros acuerdos de su funcionamiento. Este documento, conforme a lo recogido en el artículo 6 de la Ley Orgánica 1/2002, de 22 de marzo, reguladora del derecho de asociación, debe incluir:

a. *El nombre y apellidos de los promotores de la asociación si son personas físicas, la denominación o razón social si son personas jurídicas, y, en ambos casos, la nacionalidad y el domicilio.*
b. *La voluntad de los promotores de constituir una asociación, los pactos que, en su caso, hubiesen establecido y la denominación de esta.*
c. *Los Estatutos aprobados que regirán el funcionamiento de la asociación, cuyo contenido se ajustará a las prescripciones del artículo siguiente.*
d. *Lugar y fecha de otorgamiento del acta, y firma de los promotores, o de sus representantes en el caso de personas jurídicas.*
e. *La designación de los integrantes de los órganos provisionales de gobierno.*

1. El artículo 7 de la Ley Orgánica 1/2002, de 22 de marzo, reguladora del derecho de asociación, establece respecto a los Estatutos que *deberán contener los siguientes extremos:*

a. *La denominación.*
b. *El domicilio, así como el ámbito territorial en que haya de realizar principalmente sus actividades.*
c. *La duración, cuando la asociación no se constituya por tiempo indefinido.*
d. *Los fines y actividades de la asociación, descritos de forma precisa.*
e. *Los requisitos y modalidades de admisión y baja, sanción y separación de los asociados y, en su caso, las clases de estos. Podrán incluir también las consecuencias del impago de las cuotas por parte de los asociados.*
f. *Los derechos y obligaciones de los asociados y, en su caso, de cada una de sus distintas modalidades.*
g. *Los criterios que garanticen el funcionamiento democrático de la asociación.*
h. *Los órganos de gobierno y representación, su composición, reglas y procedimientos para la elección y sustitución de sus miembros, sus atribuciones, duración de los cargos, causas de su cese, la forma de deliberar, adoptar y ejecutar sus acuerdos y las personas o cargos con facultad para certificarlos y requisitos para que los citados órganos queden válidamente constituidos, así como la cantidad de asociados necesaria para poder convocar sesiones de los órganos de gobierno o de proponer asuntos en el orden del día.*

    i. *El régimen de administración, contabilidad y documentación, así como la fecha de cierre del ejercicio asociativo.*

    j. *El patrimonio inicial y los recursos económicos de los que se podrá hacer uso.*

    k. *Causas de disolución y destino del patrimonio en tal supuesto, que no podrá desvirtuar el carácter no lucrativo de la entidad.*

2. *Los Estatutos también podrán contener cualesquiera otras disposiciones y condiciones lícitas que los promotores consideren convenientes, siempre que no se opongan a las leyes ni contradigan los principios configuradores de la asociación.*

3. *El contenido de los Estatutos no podrá ser contrario al ordenamiento jurídico.*

⊃ **Identificación inequívoca de la entidad:** para evitar confusiones, la denominación no puede coincidir ni ser similar a la utilizada por otra organización inscrita previamente. Para favorecer la identificación inequívoca y evitar resoluciones denegatorias, el Ministerio del Interior pone a disposición de la ciudadanía el Fichero de Denominaciones de Asociaciones.

⊃ **Pago de tasa pública:** junto con los documentos indicados previamente, es necesario aportar debidamente cumplimentado el modelo 790, creado al efecto.

 PARA SABER MÁS

El Ministerio del Interior, para facilitar la creación de asociaciones y su correcto funcionamiento, pone a disposición de la ciudadanía y de las propias asociaciones modelos orientativos de los diferentes documentos a aportar. Puedes acceder a ellos desde aquí.

https://redirectoronline.com/1128040107

4.2. Proceso para la creación de fundaciones

Las fundaciones dependen, en función de su ámbito territorial, de un **Protectorado** autonómico o del estatal, que se ejerce a través del Ministerio de Cultura. Para constituirse, las fundaciones tienen que seguir los siguientes pasos:

- ⮑ **Elegir un nombre inequívoco:** es el primer paso, puesto que la normativa impide denominaciones idénticas o similares para garantizar la identificación de la entidad. Para ello, se pueden consultar los nombres disponibles en los buscadores de fundaciones (estatales y autonómicos). El certificado de denominación debe solicitarse al registro en el que se vaya a inscribir la entidad, junto con la escritura de constitución.
- ⮑ **Elaborar los estatutos:** toda fundación debe elaborar unos estatutos que rigen su funcionamiento y que, como mínimo, deben contener los siguientes apartados:

  - ↻ Denominación de la entidad.
  - ↻ Fines de la fundación.
  - ↻ Domicilio y ámbito territorial donde desarrollará su actividad.
  - ↻ Reglas básicas para la aplicación de los recursos que posee y para la determinación de los beneficiarios.
  - ↻ La composición del patronato: reglas de composición, sustitución y cese; aspectos relacionados con la deliberación y con la forma de adoptar acuerdos; y eventual retribución de sus miembros.

- ⮑ **Establecer la dotación:** las fundaciones deben tener una dotación mínima de 30.000 €, que puede tener naturaleza dineraria (requiere de un desembolso inicial del 25 %) o no dineraria (vehículos, inmuebles, obras de arte...); esta última debe estar tasada por un experto independiente. La dotación puede modificarse con posterioridad para ampliarse.
- ⮑ **Constituir, mediante escritura pública, la fundación:** este acto se conoce como "otorgamiento de escritura pública", y en dicha escritura se recogen:

  - ↻ Los datos personales de las personas físicas o jurídicas constituyentes.
  - ↻ La voluntad de constituir la fundación.
  - ↻ La dotación y su valoración.
  - ↻ Los estatutos de la fundación.
  - ↻ La identificación de las personas que componen el Patronato.

Aunque las fundaciones están exentas de tributar por el Impuesto de Transmisiones Patrimoniales y Actos Jurídicos Documentados, la escritura debe presentarse para su liquidación.

- **Obtener un NIF:** debe obtenerlo de la Agencia Tributaria para poder realizar los trámites pertinentes con la Administración pública.
- **Obtener el informe preceptivo del protectorado:** es un documento obligatorio para la creación, la fusión, la modificación de estatutos y la enajenación de bienes y derechos de la fundación, que debe solicitarse al protectorado competente.
- **Presentar la documentación en el registro de fundaciones:** cuando se dispone de toda la documentación indicada previamente, esta debe presentarse en el registro de fundaciones que corresponda.

 TAREA 1

María está pensando en constituir una asociación de mujeres destinada a asegurar la igualdad efectiva entre mujeres y hombres. María acudió tanto al CIM del municipio donde reside como al Instituto de la Mujer de su comunidad autónoma. Allí le indicaron que, para que la asociación sea válida, debe estar legalmente constituida, y le facilitaron el siguiente documento:

https://redirectoronline.com/1128040108

Además, le indicaron que puede obtener más información sobre los modelos de documentos a presentar en la web del Ministerio del Interior:

https://redirectoronline.com/1128040109

Continúa en página siguiente >>

<< Viene de página anterior

Indica qué hará María para constituir la asociación.

---

5. La estructura organizativa y funcional de las asociaciones y entidades sociales

 HILO CONDUCTOR

Para ayudar tanto a la creación como a la gestión de las entidades del tercer sector, Luisa informa sobre su estructura organizativa y funcional, ya que se trata de un requisito para garantizar su continuidad y legalidad.

La normativa que regula las entidades del tercer sector establece la estructura organizativa, es decir, la manera en que la responsabilidad se distribuye entre los diferentes departamentos, así como una estructura funcional que hace referencia a los diferentes principios o reglas que regulan las relaciones dentro de los mismos.

5.1. Estructura organizativa

La estructura organizativa en el ámbito del tercer sector está establecida normativamente. Al analizarla, nos encontramos con:

- ⊃ **Órganos exclusivos de las fundaciones:** la Ley 50/2002, de 26 de diciembre, de Fundaciones, establece en su artículo 14 que el patronato es el órgano de gobierno y representación de la fundación, encargado de cumplir sus fines y de administrar, con la debida diligencia, los bienes y derechos que la integran, velando al mismo tiempo por su mantenimiento y utilidad. Este órgano está compuesto por un mínimo de tres personas, físicas o jurídicas.
- ⊃ **Órganos exclusivos de las asociaciones:** la Ley 1/2002, de 22 de marzo, reguladora del Derecho de Asociación, establece que el órgano supremo

de gobierno es la Asamblea General (artículo 11), integrada por los asociados, que adopta sus acuerdos por el principio mayoritario o de democracia interna, y que se reúne, como mínimo, una vez al año. Esta misma norma establece la importancia del órgano de representación, que gestiona y representa los intereses de la asociación. Junto a este órgano, la norma reconoce la función de la Junta de Gobierno, como órgano encargado de ejecutar los acuerdos adoptados en la Asamblea General.

⮌ **Órganos comunes en fundaciones y asociaciones:** al analizar la normativa que regula ambas tipologías, se aprecia que establece otros órganos unipersonales que facilitan la gestión diaria:

1. Presidente: es la persona elegida por el patronato o la Junta de Gobierno, elegida por la Asamblea General. Sus funciones consisten en:

   ⥮ Convocar y presidir las reuniones de los órganos de gobierno previamente indicados.
   ⥮ Supervisar las actuaciones aprobadas por los órganos de gobierno.
   ⥮ Representar a la organización.

2. Secretario: es la persona encargada de realizar trámites relacionados con:

   ⥮ Las actas sobre las reuniones de los órganos de gobierno: levanta las actas y las notifica a los miembros de los órganos de gobierno.
   ⥮ Recibe y tramita las altas y bajas de los socios.
   ⥮ Es la persona encargada de realizar cuantos trámites sean necesarios en relación con los libros oficiales y su sistema de registro.
   ⥮ Expide certificaciones solicitadas a la organización.

3. Tesorero: es la persona encargada de los aspectos relacionados con la gestión financiera de la entidad, y es el responsable de la misma. Por ello, se encarga de:

   ⥮ Firmar recibos y efectuar pagos.
   ⥮ Llevar los libros de contabilidad.
   ⥮ Informar sobre la gestión financiera.

5.2. Estructura funcional

Como se ha indicado previamente, las organizaciones del tercer sector se caracterizan por:

- **Carácter altruista:** son aquellas que buscan el bienestar de terceras personas y carecen de ánimo de lucro; destinan la totalidad de sus bienes y recursos a conseguir la finalidad y objetivos establecidos en sus estatutos. Estas organizaciones pueden contar con personas voluntarias y con personas trabajadoras, y pueden participar en el sector privado en igualdad de condiciones que el resto de las organizaciones para aumentar sus recursos. El carácter altruista es un valor que se manifiesta en:

  - El carácter solidario de sus actuaciones. Conlleva que estas busquen generar oportunidades que mejoren las vidas de las personas, para lo cual pueden prestar servicios mediante empresas de inserción y/o agencias de colocación, y participar en diversos sectores productivos, para favorecer la inserción de personas/colectivos vulnerables, reinvirtiendo los beneficios en la propia organización.
  - La rendición de cuentas anuales en el correspondiente registro de asociaciones/fundaciones, así como en su web, para informar a la ciudadanía.

- **Respeto a los derechos humanos:** para mejorar el bienestar de las personas:

  a. Promueven de manera activa la no discriminación. Esto se manifiesta mediante una toma de decisiones democrática que fomenta la participación de todas las personas que componen la entidad, así como en la colaboración entre los diversos departamentos administrativos y organizativos que componen la entidad para alcanzar la finalidad perseguida. Además, requiere que las personas que componen la organización estén comprometidas con la igualdad y la no discriminación, puesto que estos valores son fundamentales para luchar por la inclusión y la cohesión social y para acabar con la desigualdad.

  b. Son autónomas e independientes en su gestión, para asegurar su imparcialidad a la hora de luchar por la equidad y la justicia social. Por ello, su financiación no puede ser exclusivamente pública.

  c. Trabajan en red con otras entidades, formando parte de agrupaciones de entidades: federaciones, asociaciones...

  d. Fomentan la participación para aumentar el empoderamiento de la ciudadanía, la cual es partícipe de la resolución de sus problemas y adquiere nuevas habilidades, competencias, capacidades... por lo que desarrollan su potencial. Por ello, desde los diferentes gobiernos democráticos se fomenta el voluntariado y el desarrollo comunitario.

  e. Compromiso ético. Las organizaciones disponen de un código ético de conducta que asegura el respeto de los derechos humanos, a la par que fortalece la confianza de la ciudadanía y mejora la gestión, al prevenir una *mala praxis*, mejorar el clima relacional-laboral, y fomentar la colaboración y el desarrollo sostenible. Estos códigos de conducta incluyen los principios que guían la actividad de la entidad, pero también los estándares de comportamiento, los compromisos con la sociedad y los mecanismos de cumplimiento o denuncia.

Estos valores están presentes en sus relaciones externas, lo cual permite a las organizaciones agruparse con otras para defender sus derechos, mejorar su gestión y alcanzar objetivos comunes. Además, también están presentes en los diferentes departamentos que las componen. Por ello, con independencia de la organización y de su tipología, nos encontramos con los siguientes departamentos:

Departamento de proyectos y programas
- Se especializa en la planificación, ejecución y evaluación de los proyectos desarrollados por la entidad. Este departamento trabaja estrechamente con la junta directiva y es crucial para el logro de los objetivos asociados.

Departamento de recursos humanos
- Es el responsable de la gestión del personal, incluyendo la contratación, formación y promoción del bienestar de los empleados y voluntarios. Además, se encarga de asegurar el cumplimiento de las normativas laborales y de fomentar una cultura organizacional positiva.

Departamento de finanzas
- Se encarga de la gestión económica y fiscal de la entidad. Se ocupa de la contabilidad, la gestión de presupuestos, el control financiero y la búsqueda de financiación. Este departamento es esencial para asegurar la sostenibilidad de la organización.

Departamento de comunicación y relaciones públicas
- Maneja la relación de la entidad con sus públicos internos y externos. Incluye las estrategias de comunicación, *marketing* social y la divulgación de los logros de la entidad para ampliar su impacto.

Dentro de cada departamento, y en la organización en su conjunto, existen una serie de roles y responsabilidades claramente definidos. La asignación de tareas y la claridad en los roles son fundamentales para fomentar la eficiencia operativa y minimizar el riesgo de duplicidades y conflictos. Los roles deben estar claramente documentados en el organigrama de la entidad, y es esencial que existan procedimientos internos que permitan la transferencia de responsabilidad y la coordinación entre los diferentes equipos.

6. Organización administrativa: archivos y procedimientos

☞ HILO CONDUCTOR

Luisa es conocedora de la importancia de una adecuada gestión administrativa para evitar sanciones de diversa índole. Por ello, se encarga de transmitir esta información a las personas interesadas en crear una entidad propia del tercer sector.

Todas las personas jurídicas, con independencia de su tipología, para alcanzar su finalidad/objetivos implementan unos procedimientos establecidos por la dirección, que se agrupan en torno a las siguientes áreas:

Actividades para alcanzar su finalidad/objetivos

- Se agrupan en torno a un área que puede tener la denominación genérica de "área de acción social o intervención social", la cual incluye diversos departamentos relacionados, como inserción laboral o atención a víctimas de violencia de género.

Actividades relacionadas con la gestión

- Se agrupan en torno a un área que puede tener la denominación genérica de "área de administración o gestión". Sus departamentos dan apoyo a otras áreas, como el financiero o el de recursos humanos.

6.1. Archivos y procedimientos

En las diferentes áreas y departamentos de cualquier tipo de organización, se generan documentos que deben ser correctamente:

➲ **Creados:** se crean conforme a los procedimientos previamente establecidos para departamentos concretos, a los que se asigna un n.º identificativo único que permite la identificación inequívoca y su posterior recuperación. Por ejemplo, el departamento de inserción laboral crea un expediente en el que los diferentes profesionales anotan información que permite la correcta gestión de la intervención, tanto con la persona usuaria como con la empresa o recurso.

- **Clasificados:** los documentos se agrupan o clasifican en función del departamento que los crea y gestiona, pero también según las personas a las que se les permite acceder. Los archivos/documentos contienen gran cantidad de datos sensibles relacionados con la organización o con la persona atendida y se ven directamente influenciados por lo recogido en la Ley Orgánica 3/2018, de 5 de diciembre, de Protección de Datos Personales y garantía de los derechos digitales.
- **Archivados:** archivar el documento permite su recuperación y poder continuar introduciendo datos, o bien exportar los datos teniendo en cuenta lo establecido en la Ley Orgánica 3/2018.
- **Almacenados:** existen una serie de obligaciones legales existentes relacionadas con el mantenimiento y la preservación de documentos. Es fundamental conservarlos de manera ordenada para facilitar su recuperación en caso de ser necesario.

 **EJEMPLO**

La normativa de la Seguridad Social establece que, como norma general, los documentos laborales y de la Seguridad Social deben guardarse durante un plazo de cuatro años; si bien existen algunas excepciones, como los documentos relacionados con infracciones en materia de prevención de riesgos laborales, que deben guardarse un mínimo de cinco años. Existen otros casos en los que la norma recomienda que se amplíe el plazo obligatorio, como por ejemplo ocurre con los contratos de trabajo, ya que las infracciones contra la Seguridad Social prescriben a los diez años.

La normativa relacionada con la fiscalidad establece que, como norma general, es recomendable guardar los documentos durante un plazo de diez años, dado que ese es el tiempo en el cual se pueden realizar comprobaciones/investigaciones en materia tributaria.

Con independencia del tipo de asociación/fundación, todas ellas deben generar los siguientes documentos:

⊃ **Libro de socios:** recoge datos de identificación inequívocos de cada persona socia, así como la fecha en la que causa alta o baja en la organización.

⊃ **Libro de actas:** en el libro de actas se recogen las diferentes actas de las reuniones de los órganos directivos de la asociación o fundación. El contenido mínimo que deben recoger está relacionado con: el órgano que se reúne, la fecha, la hora y el lugar de reunión, el número de la convocatoria, los asistentes (ya sea relación nominal o número total), el orden del día, el desarrollo de la reunión y los acuerdos adoptados, así como la forma en que se han obtenido. El acta debe estar firmada por quienes ostentan la secretaría y la presidencia.

⊃ **Libros contables:** actualmente han sido sustituidos por aplicaciones informáticas. La información recogida debe legalizarse tras confeccionar las cuentas anuales mediante su presentación en el registro pertinente: registro mercantil si la organización realiza actividades económicas, registro de fundaciones y/o registro de entidades de utilidad pública.

Esta información contable será facilitada, además, a las personas auditoras externas de las cuentas, según lo recogido en la Disposición Adicional 2.ª del Real Decreto 1517/2011, de 30 de octubre, por el que se aprueba el reglamento que desarrolla el texto refundido de la Ley de Auditoría de Cuentas, cuando la organización haya recibido subvenciones o ayudas con cargo a los presupuestos de las administraciones públicas o a fondos de la Unión Europea por un importe total acumulado de 600.000 €.

⊃ **Libro de visitas de la Inspección de Trabajo y Seguridad Social:** las organizaciones que tengan personal contratado deben archivar la documentación generada durante las visitas que efectúe la Inspección de Trabajo y Seguridad Social, aun cuando el libro, como tal, dejó de ser obligatorio desde la entrada en vigor de la Ley 23/2015, de 21 de julio, Ordenadora del Sistema de la Inspección de Trabajo y Seguridad Social. Desde ese momento, son los propios inspectores quienes extienden diligencias que incluyen información sobre lo acontecido durante la visita y que deben guardarse durante un plazo de cinco años por la entidad que la ha recibido.

⊃ **Libro de donaciones:** está en vigor desde la promulgación de la Ley 10/2010, de 28 de abril, de Prevención del Blanqueo de Capitales y de la Financiación del Terrorismo. Esta información debe guardarse durante un periodo de diez años y permite la emisión de certificados para que los donantes puedan desgravarse un porcentaje concreto en la declaración de la renta o Impuesto sobre Sociedades.

SABÍAS QUE...

Puedes obtener más información sobre la normativa contable de aplicación a las entidades sin fin de lucro en:

- Real Decreto 1491/2011, de 24 de octubre, por el que se aprueban las normas de adaptación del Plan General de Contabilidad a las entidades sin fines lucrativos y el modelo del plan de actuación de las entidades sin fines lucrativos.
- Resolución de 26 de marzo de 2013, del Instituto de Contabilidad y Auditoría de Cuentas, por la que se aprueba el Plan de Contabilidad de pequeñas y medianas entidades sin fines lucrativos.
- Resolución de 26 de marzo de 2013, del Instituto de Contabilidad y Auditoría de Cuentas, por la que se aprueba el Plan de Contabilidad de las entidades sin fines lucrativos.

7. Resumen

El tercer sector está formado por organizaciones nacidas de la iniciativa civil y sobre la base de un sólido compromiso con la mejora de la calidad de vida de los más vulnerables. Operan en un contexto amplio conocido como tercer sector, y son consideradas agentes de cambio que cuestionan y complementan las acciones de los sectores público y privado.

El tercer sector ha evolucionado para satisfacer las necesidades de las personas de manera sostenible. Las organizaciones que lo componen desempeñan un papel fundamental en la promoción del bienestar social, la equidad y la justicia en numerosas comunidades alrededor del mundo. Por ello, los gobiernos las consideran entidades importantes y promulgan normativa que asegure el ejercicio del **derecho de asociación,** considerado como un derecho fundamental de la ciudadanía que, además, genera riqueza y contribuye a una sociedad más innovadora y sostenible.

El marco legal del tercer sector abarca un conjunto de normativas y principios que son vitales para definir las funciones, derechos y responsabilidades de las ONG. Este marco proporciona la estructura necesaria para la legitimidad y transparencia en sus operaciones, lo cual es crucial para mantener la confianza pública y cumplir con sus misiones sociales. La comprensión y aplicación adecuadas de estas regulaciones permiten a estas entidades operar de manera efectiva y sostenible, al tiempo que facilitan su interacción con otros actores en el ámbito nacional e internacional. Por ello, se establece que, para que los actos de estas organizaciones tengan validez, es necesario que se constituyan conforme a lo recogido en:

También deben estar inscritas en:

- ⇒ El registro de asociaciones
- ⇒ El registro de fundaciones

Además, deben cumplir con las diferentes normas que les son de aplicación cuando operan como entidades con fines de lucro, al objeto de obtener financiación para realizar las actividades para las cuales fueron constituidas.

Las ONG son esenciales para el desarrollo social y económico, y su éxito depende en gran medida de:

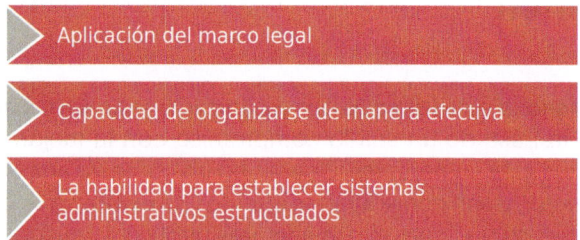

Además, todas las organizaciones exitosas se caracterizan por una estructura flexible y dinámica, capaz de adaptarse a nuevas circunstancias y desafíos, en la cual existe:

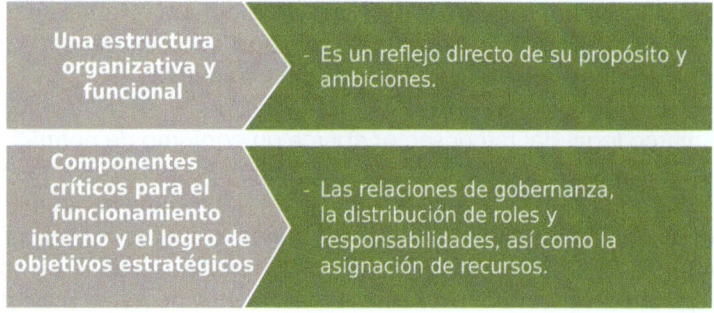

Ejercicios de autoevaluación
Unidad de aprendizaje 1

1. ¿Qué promueven las entidades del tercer sector?

   a. El bienestar social y cívico.
   b. El lucro personal.
   c. La reducción del empleo.
   d. El desarrollo tecnológico.

2. ¿Cuál es el porcentaje del PIB que representan las entidades del tercer sector?

   a. 1,44 %
   b. 3,2 %
   c. 5,0 %
   d. 10,1 %

3. ¿Qué ley regula las organizaciones sin ánimo de lucro en España?

   a. Ley 43/2015
   b. Ley 22/2002
   c. Ley 1/1990
   d. Ley 11/2000

4. ¿Cuál es una de las funciones del tercer sector?

   a. Generar ganancias.
   b. Promover el bienestar de las personas.
   c. Aumentar la burocracia.
   d. Reducir la participación ciudadana.

5. ¿Cuándo se usó por primera vez el término ONG?

   a. En 1791
   b. En 1807
   c. En 1945
   d. En 1863

6. **¿Cuál de las siguientes no es una forma de organización del tercer sector?**

    a. ONG
    b. Corporación transnacional
    c. Asociación
    d. Fundación

7. **Según la ONU, ¿qué es una organización no lucrativa que opera independientemente de un gobierno y tiene objetivos humanitarios o de desarrollo?**

    a. Una corporación.
    b. Una agencia gubernamental.
    c. Una organización sin fines de lucro.
    d. Una empresa con fines de lucro.

8. **¿Cuál de las siguientes no es una característica de las fundaciones, según lo definido en la Ley 50/2002?**

    a. Están reguladas por la voluntad de su creador y sus estatutos.
    b. Deben incluir la palabra "fundación" en su nombre.
    c. Pueden distribuir beneficios entre sus miembros.
    d. Tienen personalidad jurídica desde el momento de su inscripción.

9. **¿Cuál es la principal responsabilidad del Patronato según la Ley 50/2002?**

    a. Distribuir las ganancias entre los miembros.
    b. Gestionar las inversiones de la fundación.
    c. Garantizar el cumplimiento legal y el correcto funcionamiento de la fundación.
    d. Identificar nuevas oportunidades de negocio.

10. **Según el Real Decreto 1740/2003, ¿qué documento es necesario para la solicitud de declaración de utilidad pública?**

    a. Un certificado de constitución.
    b. Un documento que enumere a todos los miembros.

c. Un certificado de cumplimiento de obligaciones fiscales.
d. Un plan de negocios.

Apoyo técnico y financiación de las entidades del tercer sector

Contenido

Objetivo

Los objetivos específicos de esta Unidad de Aprendizaje son:

→ Identificar las funciones y actuaciones que realiza el dinamizador comunitario en el desarrollo y mantenimiento del tejido asociativo.

→ Conocer las ayudas y prestaciones que pueden recibir las entidades o asociaciones por parte de las administraciones.

→ Conocer la forma en que se pueden elaborar bases de datos y guías sobre recursos de apoyo al tejido asociativo.

→ Elaborar bases de datos y guías sobre recursos de apoyo al tejido asociativo.

1. Introducción

Las entidades del tercer sector ofrecen servicios vitales y apoyo comunitario, y trabajan para causas sociales fundamentales en áreas donde otros sectores no alcanzan. Esto requiere no solo pasión y compromiso, sino también disponer de un apoyo técnico y financiero robusto: recursos de diversa índole y naturaleza que podemos clasificar en recursos tangibles e intangibles. Los recursos tangibles son materiales, mientras que los recursos no tangibles se caracterizan por estar relacionados con aptitudes, capacidades y habilidades: son los valores e incluyen lo que se conoce como *know-how*. Estos recursos añaden un valor que incide directamente en la reputación y en las relaciones que la organización tiene tanto a nivel interno (profesionales y personas voluntarias) como externo (personas usuarias, comunidad, administraciones públicas u otras entidades del tercer sector).

Por ejemplo, pensemos en una organización no gubernamental que trabaja con mujeres víctimas de violencia de género. Esta organización necesita recursos financieros para afrontar el pago del alquiler de pisos de acogida donde se puedan refugiar las mujeres y sus hijas e hijos víctimas de agresiones, pero también para financiar a las diversas profesionales que trabajan ofreciendo apoyo psicosocial, educativo... y para adquirir material didáctico especializado, alimentos, ropa, juguetes... Pero también necesita apoyo técnico para asegurarse de que su infraestructura es adecuada, que cumple con las normativas específicas, y que su personal está bien formado y motivado.

El apoyo técnico y la financiación son cruciales para la sostenibilidad y el crecimiento de estas organizaciones. Entender cómo se puede facilitar un entorno de apoyo efectivo a través de la colaboración con la Administración pública, la selección y gestión adecuada de recursos, la optimización de los recursos humanos y la consecución de distintas formas de financiación es esencial para cualquier profesional inmerso en el tercer sector.

Encontrar las fuentes adecuadas de apoyo y financiación es, a menudo, un proceso complejo que requiere un conocimiento profundo de las diferentes opciones disponibles, así como de las habilidades para evaluar, seleccionar y gestionar estos recursos de manera efectiva.

La importancia de esta unidad de aprendizaje radica en proporcionar a las profesionales habilidades que mejoren las capacidades organizativas y financieras y, así, amplificar su capacidad para provocar cambios positivos en el mundo. Por ello, deben conocer los mecanismos de apoyo ofrecidos por la Administración pública y aprender a seleccionar de manera estratégica los recursos necesarios que permiten gestionar con eficacia los recursos humanos y financieros.

A lo largo de esta unidad, analizaremos diferentes aspectos relacionados con los diferentes tipos de recursos. Para ello, nos seguiremos basando en el caso de Luisa, quien, como técnica de promoción de igualdad de género, está facilitando información a un grupo de mujeres que desea constituir una entidad dentro del tercer sector.

2. La Administración pública en el apoyo asociativo

 HILO CONDUCTOR

Luisa considera importante que las personas que van a constituir una organización conozcan la importancia que tienen las Administraciones públicas para las entidades del tercer sector, por ello procede a explicar una serie de conocimientos básicos.

La Administración pública desempeña un papel fundamental en el fortalecimiento y sostenimiento del tejido asociativo, y actúa como un pilar de apoyo que puede facilitar el cumplimiento de sus objetivos. La creciente conciencia sobre el valor de las asociaciones y organizaciones del tercer sector ha llevado a la Administración pública a desarrollar políticas y mecanismos específicos que promueven su desarrollo sostenible y que conllevan la promulgación de normativa:

⇒ **En el ámbito internacional:** como se ha visto previamente, el movimiento asociativo no es algo propio de un país, territorio o momento histórico determinado. Por ello, se fomenta la existencia de una normativa internacional que lo impulse y proteja. Dentro de esta normativa, nos encontramos con:

    υ **Legislación Internacional Supraeuropea.** Engloba diversas normativas:

        a. Declaración Universal de los Derechos Humanos
        b. Pacto Internacional de los Derechos Civiles y Políticos

  c. Declaraciones internacionales para eliminar la discriminación de las mujeres en cualquier esfera de la vida pública o privada

Estas normas han motivado la creación de programas de fomento del asociacionismo y la cooperación internacional financiados tanto por el Banco Mundial como por la Agencia de Cooperación Internacional para el Desarrollo (AECID), e incluso la propia ONU a través de diversos fondos —como, por ejemplo, el Fondo Fiduciario de la ONU para Eliminar la Violencia contra la Mujer o el Fondo para la Mujer, la Paz y la Acción Humanitaria (WPHF) —.

◗ **Legislación de la Unión Europea:** en el ámbito de la Unión Europea nos encontramos con la Resolución del Parlamento Europeo, de 17 de febrero de 2022, que considera importante que la Comisión Europea apruebe un reglamento que cree la forma jurídica de asociaciones europeas y una directiva que armonice las normas existentes en los diferentes países miembros de la Unión.
Aun cuando no existe dicha normativa, la Unión Europea fomenta las entidades del tercer sector mediante:

  ⇡ Fondos estructurales con los que financia programas comunitarios, entre los que se encuentran el Fondo de Ayuda Europea para las Personas más Desfavorecidas (FEAD) o el Programa de Ciudadanía, Igualdad, Derechos y Valores.
  ⇡ El fomento del voluntariado. La Unión Europea ha promulgado diversas normas en relación con el voluntariado, como las que regulan el Cuerpo Europeo de Solidaridad.

➲ **En el ámbito nacional:** como se ha indicado previamente, la Constitución española reconoce el derecho de asociación, que se fomenta mediante la promulgación de:

◗ **Ley Orgánica 1/2002, de 22 de marzo, reguladora del Derecho de Asociación.** Esta norma dedica su capítulo IV a las medidas de fomento, que consisten en promover y facilitar el desarrollo de las entidades mediante actuaciones de asistencia, información, divulgación y reconocimiento, así como mediante la concesión de ayudas y subvenciones para el desarrollo de actividades y proyectos.
◗ **Ley 43/2015, de 9 de octubre, del Tercer Sector de Acción Social.** Regula, en su capítulo IV, las acciones de fomento, estableciendo en su artículo 6 que "las medidas de fomento del tercer sector de acción social de ámbito estatal de la Administración General del Estado son:

a. Apoyar y promover los principios del tercer sector de acción social.

b. Adecuar los sistemas de financiación pública en el marco de la legislación de estabilidad presupuestaria y, en todo caso, de acuerdo con lo previsto en la normativa de la Unión Europea en materia de ayudas de Estado.

c. Fomentar la diversificación de las fuentes de financiación, especialmente mejorando la normativa sobre mecenazgo e impulsando la responsabilidad social empresarial.

d. Impulsar la utilización de los instrumentos normativos que en cada caso resulten más adecuados, para promover la inclusión social de personas y grupos que sufren condiciones de vulnerabilidad, personas y grupos en riesgo de exclusión social y de atención a las personas con discapacidad o en situación de dependencia.

e. Garantizar la participación del tercer sector de acción social en las distintas políticas sociales, de empleo, de igualdad y de inclusión, diseñadas en favor de las personas y grupos vulnerables y en riesgo de exclusión social.

f. Reconocer a las entidades del tercer sector de acción social, con arreglo a los procedimientos que reglamentariamente se establezcan, el estatuto de entidades colaboradoras de la Administración General del Estado.

g. Promocionar la formación y readaptación profesional de las personas que desarrollen su actividad en entidades del tercer sector de acción social de ámbito estatal.

h. Incluir en los planes de estudio de las diferentes etapas educativas aquellos contenidos y referencias al tercer sector de acción social, precisos para su justa valoración como vía de participación de la ciudadanía y de los grupos en los que se integra la sociedad civil.

i. Promover las entidades del tercer sector de acción social como uno de los instrumentos relevantes para canalizar el ejercicio efectivo de los derechos a la participación social de la ciudadanía en una sociedad democrática avanzada.

j. Realizar medidas concretas, destinadas a dinamizar la participación de mujeres en el tercer sector de acción social.

k. Promover y apoyar aquellas iniciativas orientadas a la incorporación de criterios de gestión responsable en las entidades del tercer sector de acción social.

l. Fortalecer y promover prácticas y criterios de buen gobierno y de transparencia en estas organizaciones.

m. Potenciar y facilitar las iniciativas de cooperación entre empresas y entidades del tercer sector de acción social".

Además, establece que el Gobierno, para fomentar el tercer sector, implementará las siguientes medidas (artículo 7):

a. "Promoción, difusión y formación del tercer sector de acción social.
b. Apoyo a la cultura del voluntariado, en los términos y condiciones que fije la legislación sobre voluntariado.
c. Cooperación con los servicios públicos.
d. Financiación pública de las entidades del tercer sector de acción social.
e. Acceso a la financiación, a través de entidades de crédito oficial.
f. Potenciación de los mecanismos de colaboración entre la Administración General del Estado y las entidades del tercer sector de acción social, para el desarrollo de programas de inclusión social de personas o grupos vulnerables en riesgo de exclusión social y de atención a las personas con discapacidad o en situación de dependencia, con especial atención al uso de los conciertos y convenios.
g. Participación institucional".

◑ **Ley 45/2015, de 14 de octubre, de Voluntariado.** Esta ley dedica su título VI al "fomento y reconocimiento de la acción voluntaria". Encontramos las siguientes medidas:

⇕ Concesión de subvenciones o establecimiento de convenios de colaboración.
⇕ Promoción del voluntariado desde las empresas.
⇕ Promoción del voluntariado desde las universidades
⇕ Medidas de reconocimiento y valoración social del voluntariado. Pueden requerir una acreditación que reconozca las actuaciones de voluntariado. Esta certificación recogerá las competencias adquiridas en la realización del voluntariado.

◑ **En el ámbito autonómico:** como se ha indicado previamente, las competencias relacionadas con el tercer sector pueden ser ejercidas por las comunidades autónomas en función de lo estipulado en sus respectivos estatutos de autonomía, lo cual permite la promulgación de legislación autonómica aplicable a entidades territoriales.

Mediante estas normas, las diferentes administraciones públicas, a través de sus diferentes niveles (local, regional y nacional), apoyan al tercer sector de manera efectiva, mediante actuaciones en las siguientes áreas:

➲ **Financiación pública:** uno de los mecanismos más directos de apoyo que la Administración pública ofrece es el financiamiento a través de subvenciones y ayudas económicas. Estas subvenciones pueden ser categorizadas en operativas, para el funcionamiento diario, y de proyecto, destinadas a iniciativas específicas.

Pese a las ventajas de esta fuente de financiamiento, también existen desafíos. A menudo, las asociaciones enfrentan burocracia intensa para acceder a estos fondos, con procesos de solicitud meticulosos y tediosos. Además, los criterios de elegibilidad pueden ser restrictivos y, a menudo, requieren un conocimiento profundo de las políticas públicas para ser navegados con éxito.

- ⮞ **Infraestructuras y recursos compartidos:** la provisión de infraestructura por parte de la Administración pública es otra forma crucial de apoyo. El acceso a espacios comunitarios y centros cívicos —donde las organizaciones puedan realizar eventos, sesiones de capacitación y reuniones— es esencial. Estos espacios no solo proporcionan infraestructura física, sino también visibilidad a las asociaciones y la oportunidad de conectar con la comunidad en general. Ejemplos notables incluyen los centros comunitarios en barrios urbanos que sirven de núcleo para la actividad asociativa. Además de la infraestructura, la Administración pública puede facilitar el acceso a recursos compartidos como materiales educativos, equipo de oficina y tecnología. Un enfoque inclusivo promovería, además, la creación de redes de conocimiento e intercambio entre asociaciones, facilitando el aprendizaje colectivo.

- ⮞ **Formación y capacitación:** el fortalecimiento de las competencias y habilidades del personal y voluntarios de las entidades del tercer sector es fundamental para su eficiencia y sostenibilidad. En este contexto, la Administración pública puede organizar o financiar programas de formación centrados en temas como la gestión de proyectos, la recaudación de fondos, la gobernanza organizacional y la comunicación estratégica. Ejemplos de iniciativas exitosas incluyen los cursos de formación ofrecidos por oficinas municipales y universidades asociadas. La capacitación no solo se limita a habilidades técnicas; también puede incluir desarrollo personal y liderazgo, que son elementos esenciales para el crecimiento no solo de las organizaciones, sino también de sus integrantes.

- ⮞ **Actuaciones de coordinación y comunicación:** una colaboración efectiva entre la Administración pública y las asociaciones requiere un enfoque coordinado y una comunicación clara, que se manifiesta en:

  - ⮑ **Mesas de diálogo y consultas participativas:** a través de mesas de diálogo y consultas participativas, la Administración pública puede entender mejor las necesidades de las asociaciones y crear políticas que respondan a estas. Este enfoque no solo fortalece las políticas públicas, sino que también fomenta la transparencia y la corresponsabilidad.

- **Alianzas estratégicas y convenios de colaboración:** a través de convenios de colaboración, la Administración pública puede definir objetivos y metas conjuntas de manera clara y medir el impacto del trabajo realizado, a la par que potencia su impacto al proporcionarles el acceso a recursos y redes más amplias.
- **Tecnologías de información y comunicación al servicio del apoyo asociativo,** que proporcionan herramientas que persiguen mejorar la accesibilidad y eficacia del apoyo gubernamental, facilitando una gestión más eficiente del apoyo público. Abarcan desde plataformas de transparencia de ayudas/subvenciones hasta mapas interactivos de recursos comunitarios.

Es importante señalar que a las entidades del tercer sector también le son de aplicación otras normas comunes al sector productivo.

 PARA SABER MÁS

Las entidades del tercer sector, cuando contratan a personas, establecen con ellas una relación laboral que se rige por las normas laborales y de la Seguridad Social recogidas en el Código Laboral y de Seguridad Social, publicado por la Biblioteca Jurídica Digital del BOE. Puedes acceder a dichas normas a través del siguiente enlace.

https://redirectoronline.com/1128040201

3. Selección de recursos de apoyo al tejido asociativo

☞ HILO CONDUCTOR

Luisa considera importante que las personas que conforman entidades del tercer sector en el ámbito o sector de la igualdad de género conozcan los criterios para seleccionar los recursos necesarios para asegurar el correcto funcionamiento de las entidades. Para gestionar mejor su tiempo, organiza seminarios informativos en los que facilita información que permite a las entidades posicionarse mentalmente sobre sus necesidades y su realidad.

- -

La RAE define el término "recurso" como el "medio de cualquier clase que, en caso de necesidad, sirve para conseguir lo que se pretende". En el ámbito de las entidades del tercer sector, podemos clasificar los recursos en función de su:

➲ **Titularidad:**

    ◍ **Propios:** son aquellos que obtiene la organización a través de sus propios recursos.
    ◍ **Ajenos:** son los recursos obtenidos de forma ajena, a través de donaciones, bonificaciones o subvenciones.

➲ **Naturaleza:**

    ◍ **Recursos humanos:** están compuestos por las personas que trabajan y/o realizan voluntariado en la entidad. Para seleccionar adecuadamente estos recursos, es necesario identificar las competencias y habilidades que son esenciales para llevar a cabo la misión organizacional y considerar cómo el personal existente puede complementarse con voluntarios.
    Las organizaciones deben fomentar un entorno de trabajo inclusivo y colaborativo que promueva el aprendizaje y el crecimiento profesional. La atracción y retención de talento en el sector puede mejorarse mediante la oferta de formación continua, oportunidades de desarrollo profesional y formas de reconocimiento y valoración del trabajo realizado. Las estrategias de gestión del voluntariado son igualmente cruciales, y requieren un enfoque que valore no solo la contribución de tiempo, sino también las experiencias y habilidades únicas que cada voluntario aporta.

◔ Recursos financieros: son los recursos de naturaleza económica con los que cuenta la entidad para realizar las actividades con las que alcanzar su finalidad. Los obtiene de manera directa (cuotas de socios, actividades benéficas de captación de fondos, actividades en el sector bienes y servicios) o de manera indirecta (donaciones, bonificaciones o subvenciones de entidades públicas o privadas...). La selección de estos recursos debe basarse en un equilibrio entre la diversificación y la estabilidad financiera. Diversificar las fuentes de ingresos ayuda a mitigar riesgos asociados a la dependencia de una sola fuente, mientras que la estabilidad asegura un flujo continuo de recursos necesarios para el funcionamiento de la entidad. En la búsqueda de recursos financieros, las organizaciones deben ser proactivas y creativas. Un análisis exhaustivo del ecosistema financiero disponible puede desvelar oportunidades de recursos previamente no considerados. Esto incluye revisar periódicamente convocatorias de subvenciones y estar al tanto de las políticas y programas de ayuda ofrecidos por las administraciones públicas y privadas. Asimismo, el establecimiento de alianzas con el sector privado puede abrir puertas a nuevas vías de financiación, fomentando la responsabilidad social corporativa y el patrocinio.

◔ Recursos de infraestructura: son los recursos materiales que necesita la organización para realizar la actividad. Los podemos agrupar en:

⇕ **Recursos tecnológicos:** abarcan desde plataformas de gestión organizacional hasta herramientas de comunicación y redes sociales. Su adecuada selección e implementación de tecnologías puede incrementar significativamente la eficiencia y alcance de las entidades. Para seleccionar los recursos tecnológicos correctos, las organizaciones deben llevar a cabo un análisis de sus necesidades operativas y de comunicación. Evaluar qué procesos podrían beneficiarse de la automatización y cómo se pueden mejorar las interacciones con beneficiarios y donantes es un primer paso útil en este proceso. Las soluciones tecnológicas deben ser accesibles y proporcionadas, de manera que no generen barreras de entrada, dado que algunas entidades pueden enfrentar limitaciones significativas en cuanto a formación y presupuesto disponible para adaptaciones tecnológicas.

⇕ **Recursos materiales:** incluyen instalaciones físicas y equipamientos necesarios para operaciones diarias, como oficinas, salas de reunión y material de oficina. La selección de recursos materiales requiere un enfoque pragmático que evalúe la relación coste-beneficio y la sostenibilidad a largo plazo. Las entidades deben considerar también la creación de redes interorganizacionales para compartir recursos y espacios, lo cual no solo disminuye los costes, sino que promueve el intercambio de experiencias y genera sinergias.

Para seleccionar los recursos a utilizar en el día a día, las organizaciones, sean o no del tercer sector, implementan los principios indicados a continuación:

Principio de máxima eficacia
- Hace referencia a la selección del recurso que permite satisfacer la necesidad detectada.

Principio de máxima eficiencia
- Hace referencia a que, dentro de los recursos eficaces, se elige el más económico.

Principio de factibilidad
- Hace referencia al análisis de las probabilidades de poder acceder/utilizar el recurso.

Principio de objetividad
- Hace referencia a la selección del recurso sin tener en cuenta aspectos imparciales o intereses particulares, sino de manera racional; es decir, seleccionar los recursos a través de decisiones basadas en la razón y la lógica.

3.1. Bases de datos y guías de recursos

Para facilitar la selección de los recursos, es necesario realizar una investigación social sobre los programas y actuaciones existentes para alcanzar la finalidad perseguida por la organización. En dicha investigación se recolecta, se analiza y se organiza la información para facilitar el acceso a un conocimiento que se caracteriza por:

Aportar información existente en un momento determinado que previamente podía ser desconocida.

Recoger información de calidad, fiable, objetiva, susceptible de ser cuantificada y agrupada en variables que facilitan la operabilidad.

Actualizarse periódicamente.

Obtenerse mediante la observación documental.

La información se obtiene a través de:

- **Motores de búsqueda: buscadores y metabuscadores:** son un sistema informático que busca archivos almacenados en servidores web y que opera de forma automática a través de búsquedas en las que se utilizan palabras clave, temas, frases literales, asociación con palabras clave... Mientras que el buscador recopila la información de páginas web, el metabuscador la recopila de buscadores.
- **Páginas web especializadas:** existen webs especializadas, así como portales que ofrecen información, como pueden ser la web del Instituto de la Mujer o el portal de transparencia y publicidad de convocatorias, que informa sobre subvenciones y ayudas públicas.
- **Redes sociales:** las redes sociales han dejado de tener como única finalidad el ocio y la diversión, ya que existen redes sociales relacionadas con las sinergias laborales. Para las entidades del tercer sector es importante estar en las redes para darse a conocer, ofrecer una atención personalizada, informar de cambios de última hora, obtener información...
- **Boletines informativos:** son publicaciones periódicas relacionadas con una determinada materia, como, por ejemplo, ofertas de empleo, legislación, subvenciones...

La información obtenida se organiza y se presenta en:

Bases de datos	Guía de recursos
- Este término informático hace referencia al "conjunto de datos organizados de tal modo que permite obtener con rapidez diversos tipos de información". Las bases de datos se caracterizan por ser: - Dinámicas: en ellas la información se actualiza en tiempo real. - Estáticas: permiten acceder a la información, pero solo pueden ser modificadas por las personas con permiso para ello. - Para su realización se pueden utilizar diversos programas, entre los que se encuentran *Open Office* y *Microsoft Windows,* así como discos duros virtuales como son *Dropbox* y *Google Drive.*	- Es el documento que recoge la información obtenida. Las guías de recursos persiguen ofrecer información sobre recursos de interés que responden a las necesidades de la persona interesada. La información se encuentra agrupada en torno a variables que ayudan a su identificación y actualización.

 **PARA SABER MÁS**

La Delegación del Gobierno contra la Violencia de Género pone a disposición de la ciudadanía y de entidades interesadas diferentes guías de recursos sobre diversas temáticas, como son la violencia de género o la coeducación:

https://redirectoronline.com/1128040202

Por su parte, el Instituto de la Mujer y para la Igualdad de Oportunidades (IMIO) también pone a disposición de la ciudadanía y de organizaciones diferentes guías de recursos en su web, como son:

Guías para el uso no sexista del lenguaje	Guías para la implementación de planes de igualdad en las empresas

https://redirectoronline.com/1128040203	*https://redirectoronline.com/1128040204*

Continúa en página siguiente >>

<< Viene de página anterior

Guías y recursos de comunidades autónomas

https://redirectoronline.com/1128040205

La capacidad de las organizaciones del tercer sector para responder a sus misiones sociales estará intrínsecamente conectada a su habilidad de identificar, obtener y gestionar eficazmente los recursos de los que dependen. Mediante todos estos instrumentos, las organizaciones se aseguran un enfoque proactivo en la selección y gestión de recursos, que puede proporcionar la resiliencia necesaria para prosperar y continuar generando un impacto social positivo.

 ACTIVIDAD COMPLEMENTARIA

2. Realiza una búsqueda de información para actualizar la base de datos con la que se elabora la guía de recursos. Identifica al menos tres webs en las que puedes obtener información.

4. Los recursos humanos en las organizaciones no gubernamentales: asociaciones y fundaciones

☞ HILO CONDUCTOR

Luisa considera importante que las personas que van a constituir una organización conozcan la importancia y las peculiaridades que tienen los recursos humanos. Por ello procede a explicar una serie de conocimientos básicos.

- -

Cualquier tipo de organización, con independencia de si forma parte o no del tercer sector, requiere disponer de un capital humano encargado de realizar las diversas actuaciones necesarias para que la organización alcance su finalidad y sus objetivos. Este capital humano, en el caso de las entidades del tercer sector, está formado por:

Personas voluntarias	- La Ley 45/2015, de 14 de octubre, de Voluntariado, establece en su artículo 3 el concepto de voluntariado. De su análisis se desprende que es el conjunto de actividades de interés general, desarrollado por personas físicas en entidades de voluntariado, que se caracterizan por tener un carácter solidario, realizarse libremente y sin ningún tipo de contraprestación económica ni material. Además, la normativa establece que: "La realización de actividades de voluntariado no podrá ser causa justificativa de extinción del contrato de trabajo" (artículo 4).
Personas trabajadoras	- Son las personas que ocupan un puesto de trabajo en las organizaciones.

DEFINICIÓN

Puesto de trabajo
Conjunto de tareas, deberes y responsabilidades que, en el marco de las condiciones de trabajo de una empresa concreta, constituye la actividad laboral regular de una persona.

- -

 **PARA SABER MÁS**

La importancia del voluntariado y de las personas que lo realizan es tal que la Biblioteca Jurídica del BOE ha creado un código jurídico que recoge toda la legislación que le es de aplicación. Puedes acceder a él desde aquí.

https://redirectoronline.com/1128040206

4.1. Actuaciones de las organizaciones relacionadas con el capital humano

En relación con el capital humano, las organizaciones realizan diversas actuaciones que describimos a continuación.

Actuaciones relacionadas con las personas trabajadoras

Su gestión conlleva actuaciones:

- ➲ **Relacionadas con el pago del salario:** el salario, según el Glosario del Servicio Público de Empleo Estatal (SEPE), hace referencia al "conjunto de percepciones económicas de los trabajadores, en dinero o especie, recibidas por la prestación de servicios laborales por cuenta ajena, ya retribuyan el trabajo efectivo, cualquiera que sea la forma de remuneración, o los periodos de descanso computables como de trabajo". Para poder contratar —y, por tanto, pagar—, es necesario que las empresas dispongan de un NIF y de una cuenta de cotización a la Seguridad Social. Estos requisitos permiten realizar las retenciones a cuenta, que serán tenidas cuando la persona trabajadora presente su declaración de la renta, así como efectuar el pago de las cotizaciones sociales. Además, es necesario seleccionar el convenio colectivo que será de aplicación, en función de la actividad que realice la entidad, puesto que en función del mismo se establecen aspectos relacionados con las condiciones laborales: jornada laboral, salario a percibir... El salario está en relación con alguno de los convenios colectivos existentes, entre ellos: convenios colectivos de protección y atención social (Convenio colectivo estatal de reforma juvenil y protección de menores, Convenio colectivo de acción e intervención social, Convenio marco estatal de servicios de atención a personas dependientes y desarrollo de la promoción de la autonomía personal, Convenio colectivo de sector de acción social con niños, jóvenes, familias y otros en situación de riesgo...), convenios colectivos de atención a personas con discapacidad y convenios colectivos propios de entidades relevantes.

- **Relacionadas con la formación/capacitación:** para las organizaciones es muy importante la detección de necesidades formativas, puesto que su correcta detección mejora la labor profesional y, por tanto, aumenta las posibilidades de alcanzar los objetivos establecidos por la entidad. La detección de necesidades formativas permite también informar a las personas trabajadoras. Esta formación es ofertada por:

  - **Las comunidades autónomas o el Gobierno de España:** consisten en actividades formativas financiadas con fondos públicos que se enmarcan dentro de lo que se denomina Formación Profesional para el Empleo, destinadas a personas trabajadoras.
  - **El sistema de formación reglada:** las organizaciones pueden bonificarse en las cuotas a la Seguridad Social por la participación de su personal en actividades formativas.
  - **La propia organización u otra organización del sector,** financiada mediante los créditos de formación que poseen las organizaciones/empresas y que se gestionan a través de la Fundación Estatal para la Formación en el Empleo (FUNDAE).

- **Relacionadas con la selección de personal:** el proceso de reclutamiento y selección en las ONG debe estar alineado con su misión y sus valores. A menudo, estas organizaciones optan por un método basado en competencias, en el que se identifican habilidades y aptitudes específicas más allá de credenciales formales. Es decir, que se identifican las funciones, tareas y habilidades, además de los requisitos específicos del puesto (como puede ser la titulación, idiomas...). En este método de selección se utilizan entrevistas estructuradas para evaluar cómo los candidatos han manejado situaciones similares en el pasado, reflejando así el potencial para enfrentar desafíos futuros dentro de la organización.
  Para optimizar la contratación, las ONG pueden colaborar con universidades, observar a jóvenes talentos, recurrir a personas que han realizado actuaciones de autocandidatura o de voluntariado, acudir a su red de contactos o poner una oferta de trabajo en oficinas de empleo, entida-

des profesionales o inclusive en portales de empleo destinados a ofertas exclusivas en el tercer sector, como por ejemplo Hacesfalta.org.

 **DEFINICIÓN**

Autocandidatura o candidatura espontánea
Procedimiento por el cual intentamos acceder a un puesto de trabajo en una entidad concreta sin que haya habido previamente una convocatoria de empleo por su parte. Se trata, así, de ofrecer nuestros servicios a una empresa por iniciativa propia.

Actuaciones relacionadas con las personas voluntarias

La normativa reguladora establece que las entidades de voluntariado tienen que tener normas internas que regulen el funcionamiento del voluntariado en la entidad; pero, además, deben:

- **Informar** sobre aspectos relacionados con los fines y la organización de la entidad.
- **Formalizar el acuerdo de incorporación:** establece las condiciones en las que se realizará el voluntariado, como son los gastos a reembolsar, el ámbito de intervención y/o el tipo de voluntariado (presencial o telemático) y los recursos necesarios para realizar su labor. Además, es necesario que se facilite un documento de identificación como persona voluntaria.
- **Suscribir una póliza de seguro:** las organizaciones están obligadas a suscribir dichas pólizas para poder cubrir los posibles infortunios de accidente/enfermedad que ocurran como consecuencia de la actividad voluntaria.
- **Derivar al departamento en el que se realice el voluntariado:** las personas pueden realizar voluntariado en diversos departamentos de la ONG, por lo que es necesario poner en contacto a la persona con dicho departamento.
- **Formar:** las personas pueden realizar formación, que puede ser financiada por entidades ajenas a la organización.

4.2. Estrategias para retener el talento

Las entidades del tercer sector tienen dificultades para retener a los recursos humanos como consecuencia de las limitaciones presupuestarias, la naturaleza temporal de algunos proyectos y la carencia de una contraprestación económica en estas actividades de voluntariado. Por ello, implementan diversas estrategias para retener al talento:

Reconocimiento y apoyo
- Asegurar que el personal se sienta valorado puede ser más motivador que la compensación económica. Los programas de reconocimiento sentarán las bases para una cultura organizacional positiva.

Equilibrio entre vida personal y profesional/ voluntariado
- Las ONG deben procurar ofrecer un entorno de trabajo que respete el equilibrio vida-trabajo. La flexibilidad horaria o el teletrabajo son algunas opciones.

Oportunidades de crecimiento
- Proveer un camino de desarrollo profesional claro, con oportunidades de aprendizaje y avance dentro de la organización, ofrece razones convincentes para que el personal permanezca a largo plazo.

Cultura organizacional
- Fomentar un entorno de trabajo donde la innovación, el trabajo colaborativo y la empatía son promovidos puede atraer y retener talento.

 **RECUERDA**

Una correcta gestión de capital humano, unida al aumento de la calidad de las actuaciones que se realizan, conlleva aparejada una mejora en el clima laboral en la organización y facilita su desarrollo y/o crecimiento.

 **PARA SABER MÁS**

La Plataforma Estatal de Voluntariado ha elaborado un modelo de acuerdo de incorporación de las personas voluntarias. Además, en su web, se puede acceder al Manual para la Gestión del Voluntariado.

Por otro lado, la Fundación Luis Vives, con el objetivo de apoyar a las entidades del tercer sector en la gestión de su personal, ha publicado un documento para la gestión de personas en entidades no lucrativas.

Puedes acceder a todos estos recursos desde aquí.

Acuerdo de incorporación	Manual para la Gestión del Voluntariado

https://redirectoronline.com/1128040207	*https://redirectoronline.com/1128040208*

Claves para la gestión de personas en entidades no lucrativas

https://redirectoronline.com/1128040209

ACTIVIDAD 2

María trabaja en el Departamento de Recursos Humanos de la organización Juntas Podemos, y le han indicado que es necesario seleccionar a personas que realicen actividades de acompañamiento emocional y social. ¿Cuál de las siguientes características no es propia del voluntariado? Indica todas las opciones que consideres correctas.

a. Percibir una indemnización por los gastos ocasionados.
b. Contar con un seguro frente accidentes/enfermedades.
c. Realizarse libremente.

5. Papel y funciones del profesional en el apoyo y soporte técnico al tejido asociativo

 HILO CONDUCTOR

Luisa considera importante que las personas que conforman entidades del tercer sector en el ámbito o sector de la igualdad de género conozcan las funciones que realiza, ya que así podrán acudir a ella cuando necesiten su ayuda. Por ello, organiza campañas informativas en las que da a conocer tanto su presencia territorial como las funciones que desempeña.

Las personas profesionales **técnicas en promoción de la igualdad de género** ejercen sus funciones profesionales relacionadas con el apoyo y soporte técnico al tejido asociativo en el ámbito:

⊃ **De la Administración pública:** las personas técnicas en promoción de la igualdad de género realizan actuaciones relacionadas con el apoyo y soporte técnico al tejido asociativo en:

◑ **Centros de información a la mujer:** no han sido creados de manera específica por ninguna norma estatal, pero existen en todas las comunidades autónomas como consecuencia de:

⟰ Las competencias en materia de promoción e igualdad de género, así como la lucha contra la violencia de género, recogidas en los diferentes estatutos de autonomía que establecen las comunidades autónomas.
⟰ El desarrollo normativo autonómico relacionado con la igualdad entre mujeres y hombres y la lucha contra la violencia de género.
⟰ La existencia y desarrollo de institutos de la mujer autonómicos.

Del análisis de las diferentes normas se desprende que son centros donde se presta atención multidisciplinar para aumentar la autonomía y el desarrollo de las mujeres y luchar contra la violencia de género. Realizan actuaciones en diferentes ámbitos: empleo, cultura, fomento de asociacionismo, atención a mujeres víctimas de violencia de género...

◑ **Organismos de participación de las mujeres:** tanto a nivel estatal como autonómico nos encontramos con diversos organismos que fomentan la participación de las mujeres. Un ejemplo de ello es el Consejo de Participación de las Mujeres, que podemos definir como un órgano colegiado de naturaleza participativa, consultiva y asesor adscrito a la Administración General del Estado, donde participan organizaciones de mujeres con implantación estatal realizando funciones relacionadas con:

⟰ La elaboración de informes para fomentar la igualdad real entre mujeres y hombres.
⟰ El análisis de las propuestas efectuadas por el tejido asociativo que fomentan la igualdad entre mujeres y hombres.
⟰ Proponer y/o realizar investigaciones.
⟰ Fomentar el intercambio de experiencias.

En las diferentes comunidades autónomas existen también consejos autonómicos de participación de mujeres.

➲ **Actuaciones efectuadas dentro de la iniciativa privada:** personas profesionales técnicas en promoción de igualdad de género realizan actuaciones relacionadas con el apoyo y soporte técnico al tejido asociativo en:

◑ **Entidades privadas con finalidad de lucro:**

⟰ **Consultoras:** son organizaciones que ofrecen asesoramiento profesional sobre una determinada materia, como puede ser la

igualdad de género o incluso el fomento y la participación del tejido asociativo. Entre sus actuaciones se incluyen estudios diag-
nósticos y actuaciones de formación, así como el diseño, implementación y/o evaluación de planes de igualdad.

⇕ **Empresas privadas:** implementan actuaciones de responsabilidad social y, por tanto, tienen relación directa con los *stakehol-
ders*. Son organizaciones que ofrecen asesoramiento profesional
sobre determinadas materias, como la igualdad de género o el
fomento y la participación del tejido asociativo.

DEFINICIÓN

Responsabilidad social

Conjunto de compromisos voluntarios de diverso orden económico, social,
ambiental y de buen gobierno adoptados por las empresas, las organizaciones
e instituciones públicas y privadas, que constituyen un valor añadido al cumplimiento de la legislación aplicable y de los convenios colectivos, contribuyendo,
a la vez, al progreso social y económico en el marco de un desarrollo sostenible.

Stakeholders

Personas o grupos de personas que tienen impacto en o se ven afectados por
las actividades, productos o servicios de una empresa (u otra organización).
Los grupos de interés abarcan una amplia variedad de actores, tales como:

- La comunidad financiera (accionistas, inversores, agencias de calificación)
- Empleados y sus representantes
- Clientes y consumidores
- Comunidades nacionales y locales
- Autoridades públicas (gobiernos, instituciones locales y regionales, organi-
  zaciones públicas internacionales)
- Sociedad civil (ONG, asociaciones, miembros y redes de organizaciones)
- Proveedores
- Otros: medios de comunicación, consultoras...

Entidades sin fines de lucro

Las técnicas de promoción de la igualdad pueden ser contratadas por entidades sin ánimo de lucro para realizar actuaciones relacionadas con programas
concretos financiados mediante subvenciones gubernamentales, entidades sin
ánimo de lucro o fondos propios obtenidos a través de la venta de servicios en
el mercado de bienes-servicios.

Con independencia del tipo de entidad en la que se ejerce, el papel fundamental del profesional técnico de promoción de igualdad es apoyar a otras profesiones en actuaciones de desarrollo comunitario.

 **VÍDEO**

En el siguiente vídeo puedes ver lo importante que es la participación de las mujeres en el gobierno local. Accede desde aquí.

https://redirectoronline.com/1128040210

5.1. Competencias clave del profesional de promoción de igualdad de género

Con independencia de la organización en la que ejerza, el profesional técnico de promoción de igualdad entre mujeres y hombres tiene que poseer las siguientes competencias clave:

> **Comprender la misión y visión de la organización:** conectar los objetivos técnicos con la misión social de la entidad es esencial, por lo que debe ser capaz de traducir las necesidades organizacionales en soluciones que potencien su alcance y eficacia.

Continúa en página siguiente >>

<< Viene de página anterior

Estar actualizada: el entorno social es dinámico, por lo que deben estar al tanto de las últimas modificaciones legislativas, convocatorias públicas de subvenciones, de cesión de locales y espacios, de programas de ayudas de la Unión Europea, de convocatorias de entidades privadas... Esto les permite implementar soluciones solo modernas y eficientes que aseguren la viabilidad de las organizaciones.
Habilidades de comunicación: la capacidad para comunicarse eficientemente con otros miembros de la organización es crucial. Esto les ayuda a entender las necesidades y problemas que enfrentan las distintas áreas, y proporcionar soluciones que sean comprensibles y fáciles de implementar por todos.

Habilidades de comunicación: la capacidad para comunicarse eficientemente con otros miembros de la organización es crucial. Esto ayuda a entender las necesidades y problemas que enfrentan las distintas áreas, y a proporcionar soluciones que sean comprensibles y fáciles de implementar por parte de todos.

Aptitudes para la resolución de problemas: rápido análisis y resolución de problemas técnicos son habilidades valiosas en este rol. Además, deben proporcionar soluciones que mantengan la continuidad operativa de la entidad.

Adaptabilidad y flexibilidad: tanto la naturaleza de las organizaciones del tercer sector como cambios en el ámbito gubernamental pueden implicar cambios frecuentes en las prioridades y enfoque estratégico para asegurar la supervivencia de la organización.

 **RECUERDA**

En un entorno donde las asociaciones y fundaciones juegan un rol crucial en la transformación social, el profesional encargado del soporte técnico no solo debe poseer un conjunto de competencias técnicas específicas, sino también una comprensión profunda del contexto en el que estas organizaciones operan.

El papel del profesional en el apoyo y soporte técnico se erige como un pilar fundamental en el tejido asociativo del tercer sector, puesto que colabora en la realización de actuaciones tendentes a mejorar:

➲ **Su creación**: en relación con esta función, pueden realizar diversas actuaciones, entre las que se encuentran:

  ◗ Facilitar información sobre los diferentes tipos de entidades del tercer sector, así como de sus requisitos y de los organismos relacionados con su creación: registro de fundaciones o de asociaciones. Para realizar esta actuación puede elaborar o utilizar trípticos/*dossiers* informativos.

  ◗ Colaborar en la realización de campañas divulgativas sobre el asociacionismo, en las que se informe sobre problemas que atañen a las mujeres y sobre cómo las asociaciones de mujeres ayudan a solventarlos, motivando así a las mujeres a asociarse. Entre sus actuaciones se encontraría la colaboración con las personas que van a impartir la charla/mesa redonda/simposio en:

   ⬍ La selección de fecha y lugar.
   ⬍ La divulgación de la actividad.
   ⬍ La búsqueda de información relevante, como bibliografía, testimonios, vídeos...

➲ **Su gestión:** las organizaciones necesitan disponer de una planificación estratégica, es decir, necesitan identificar la forma en la cual van a conseguir los objetivos que se han marcado. En relación con esta función, la técnica de promoción de igualdad colabora con otras profesiones en:

  a. La identificación de la misión y visión de la entidad: la misión define el propósito esencial de la organización y la visión describe el futuro deseado a largo plazo.

  b. El análisis FODA (fortalezas, oportunidades, debilidades y amenazas): evaluar estos elementos internos y externos proporciona un marco para identificar áreas que necesitan mejorar y oportunidades que pueden ser aprovechadas. Ello incluye la identificación de entidades y personas que pueden ayudar a la organización facilitando recursos/prestaciones, o realizando actuaciones de publicidad y/o derivación de personas usuarias.

  c. La elaboración de objetivos estratégicos reales y viables, ofreciendo ayudas técnicas que faciliten el establecimiento de metas de alto nivel que la organización espera alcanzar, generalmente desglosadas en objetivos a corto, medio y largo plazo. Entre las técnicas que puede implementar se encuentran la matriz McMillan o la implementación de escenas futuras.

  d. La elaboración de planes de acción en los que se establecen actividades específicas y los recursos necesarios para llevarlas a la práctica, así como las personas responsables de cada actividad.

  e. La evaluación de los objetivos alcanzados .

⮑ **Su desarrollo:** en el desarrollo de las organizaciones tiene gran importancia el trabajo en red con otras organizaciones. La persona técnica de promoción de la igualdad no solo identifica y notifica las redes en las que es importante estar presente, sino que también colabora con el resto de las personas profesionales en el establecimiento y mantenimiento de relaciones cordiales y fructíferas en las que se establezcan sinergias que beneficien a las diferentes organizaciones y redes ciudadanas. Un ejemplo de ello es la realización de actividades relacionadas con las nuevas tecnologías o redes sociales, en las que se dé publicidad de las actividades realizadas tanto por nuestra organización como por organizaciones ajenas que puedan ser beneficiosas para las usuarias/personas con las que intervenimos.

⮑ **Su sostenibilidad:** para ser sostenibles necesitan recursos económicos con los que sufragar los gastos de las actividades propias de la organización. La técnica de promoción de igualdad colabora informando al resto de los miembros de mecanismos de financiación, pero también colaborando en la realización de actividades tendentes a la obtención de ingresos.

 ACTIVIDAD 3

Puedes obtener información sobre la realización de campañas de sensibilización en el documento que aparece en el siguiente enlace. Accede desde aquí.

https://redirectoronline.com/1128040211

 APLICACIÓN PRÁCTICA

Marina trabaja como técnica de Promoción de la Igualdad de Género en un municipio donde se está perdiendo la participación de las asociaciones de mujeres

Continúa en página siguiente >>

<< Viene de página anterior

en las actividades locales. El ayuntamiento le pide que impulse la revitalización del tejido asociativo, fortaleciendo la comunicación y la colaboración entre las diferentes entidades.

Para ello, Marina debe decidir cuál de las siguientes actuaciones refleja mejor el papel y las funciones del dinamizador comunitario en el desarrollo y mantenimiento del tejido asociativo. Dichas acciones son:

a. Elaborar informes estadísticos sobre el número de asociaciones activas en el municipio y archivarlos para uso interno.
b. Organizar reuniones periódicas entre asociaciones para compartir recursos, identificar necesidades comunes y promover actividades conjuntas.
c. Solicitar subvenciones municipales para financiar proyectos individuales de cada asociación sin promover el trabajo en red.
d. Diseñar campañas de sensibilización sobre igualdad sin contar con la participación del tejido asociativo local.

 ACTIVIDAD COMPLEMENTARIA

3. Identifica al menos tres entidades que faciliten a una entidad social alcanzar la igualdad entre mujeres y hombres.

6. Obtención de recursos

 HILO CONDUCTOR

Luisa considera importante que las personas que conforman entidades del tercer sector conozcan las diferentes formas de obtener los recursos necesarios para que puedan realizar su labor. Por ello, realiza de manera periódica seminarios informativos.

Cualquier tipo de organización o persona jurídica necesita los recursos para realizar cualquier tipo de actividad y, en el caso de las entidades sin ánimo de lucro, estos se pueden obtener mediante:

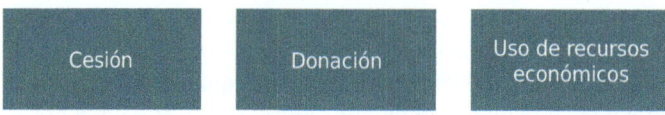

6.1. La cesión de recursos

La cesión de recursos consiste en que la/s persona/s dueña/s de la propiedad permite/n su utilización sin que cambie el título de la propiedad. La cesión puede realizarse mediante:

➲ **Organismos públicos:** la cesión se encuentra regulada por:

　◐ Diversa legislación estatal, entre la que se encuentra el R. D. 1372/1986, de 13 de junio, del Reglamento de Bienes de las Entidades Locales y la Ley 33/2003, de 3 de noviembre, de Patrimonio de las Administraciones Públicas.
　◐ Legislación autonómica y ordenanzas de cada organismo

Al analizarla se aprecia que la cesión gratuita solo es posible a entidades que tienen finalidades y objetivos que mejoran el bienestar de las personas que residen en el término municipal, CC. AA. o Estado. Además, en aras de asegurar la transparencia e igualdad entre las organizaciones, se establece un procedimiento en el cual:

　◐ Se requiere el voto favorable de la entidad cedente de iniciar convocatoria pública.
　◐ Se establece convocatoria pública.

➲ **Entidades privadas:** las entidades privadas, cuando participan en la realización de actividades de interés general, tal y como recoge la Ley 49/2002, de 23 de diciembre, de Régimen Fiscal de las Entidades sin Fines Lucrativos y de los Incentivos Fiscales al Mecenazgo, realizan actividades de mecenazgo que se consideran donaciones y que se formalizan mediante:

　1. La realización de un contrato en el que se establece el precio de la cesión y la renuncia a su cobro en concepto de donación irrevocable por parte del cedente.
　2. La realización de un convenio de colaboración.

En ambos casos, las empresas mecenas obtienen bonificaciones en los tributos que pagan a la Agencia Tributaria.

La cesión, a diferencia de la donación, no conlleva la pérdida de la titularidad y se realiza por un tiempo determinado. Además, si los bienes no son cedidos, necesitan ser financiados por la organización.

 PARA SABER MÁS

Puedes acceder a la Ley 49/2002, de 23 de diciembre, de régimen fiscal de las entidades sin fines lucrativos y de los incentivos fiscales al mecenazgo desde aquí.

https://redirectoronline.com/1128040212

 ACTIVIDAD 4

Elena trabaja en una entidad sin ánimo de lucro que desea solicitar la cesión gratuita de un local municipal para realizar talleres de empleabilidad para mujeres. Antes de preparar la solicitud, necesita consultar la normativa que regula la cesión de bienes públicos y obtener la documentación necesaria. ¿Cuál de las siguientes actuaciones representa correctamente el cauce adecuado para solicitar información y documentación oficial sobre este procedimiento?

a. Buscar ejemplos de cesiones en redes sociales de otras asociaciones del municipio.

b. Solicitar información en el ayuntamiento, a través de su portal web o registro oficial, revisando la ordenanza municipal reguladora de cesión de espacios a entidades sin ánimo de lucro.

Continúa en página siguiente >>

<< Viene de página anterior

c. Pedir a una empresa privada que le ceda temporalmente un local y le informe de la normativa aplicable.

d. Redactar una solicitud directamente a la Unión Europea sin consultar la normativa local.

---

7. Tipos de financiación

 HILO CONDUCTOR

Luisa es conocedora de que toda organización necesita tener financiación con la que hacer frente a los pagos ocasionados como consecuencia directa de la realización de actividades que permiten alcanzar sus fines y objetivos. Por ello, organiza, junto con otras compañeras del CIM en el que trabaja en colaboración con otras organizaciones, formación sobre las formas de financiación.

Todas las organizaciones, con independencia de si pertenecen o no al tercer sector, requieren de financiación, ya que es uno de los pilares fundamentales que garantizan su operatividad y sostenibilidad. Es una herramienta esencial que les permite llevar a cabo sus programas y actividades, así como expandir su impacto y su alcance.

Las fuentes o vías de financiación de las organizaciones del tercer sector son:

7.1. El *fundraising*

Es un mecanismo de captación de fondos utilizado para financiar actividades sin ánimo de lucro. Tiene aspectos en común con el *crowdfunding*.

Según la Asociación Española de *Fundraising*, este supone la captación de fondos privados de manera estratégica por entidades sin fin de lucro.

Funcas, entidad que forma parte de la Obra Social de la CECA (asociación de entidades bancarias) lo define como "una fórmula alternativa de movilizar ahorros y financiar empresas (...) que ofrece diferentes soluciones que se ajustan a las preferencias en cuanto a horizonte temporal y apetito por el riesgo de los que aportan financiación (inversores) y los emprendedores (empresas)".

El *crowdfunding* es una aportación colectiva de numerosas personas que ponen en común sus recursos para financiar proyectos empresariales o sociales promovidos por otros agentes económicos. Por lo general, la recaudación de fondos suele realizarse mediante plataformas web.

 PARA SABER MÁS

Puedes obtener más información sobre los conceptos de *fundraising, crowfunding* y proveedores europeos de servicios de financiación participativa para empresas a través de los siguientes enlaces:

https://redirectoronline.com/1128040213   *https://redirectoronline.com/1128040214*

La estrategia de captación de fondos conlleva la implementación de cada una de las siguientes fases:

- ⮞ **Identificación de las necesidades de los recursos:** antes de abordar la obtención de recursos, es vital que una organización identifique sus necesidades actuales y futuras para conocer la situación actual, pero también para identificar áreas críticas donde la intervención externa podría ser más efectiva. Para ello, se realiza un análisis de los recursos existentes. Elaborar un inventario detallado de los recursos actuales ayudará a identificar lagunas y evitar duplicaciones innecesarias.

Anticipar las futuras necesidades organizacionales permite planificar adecuadamente y evitar cuellos de botella en la implementación de proyectos.

Además, este análisis debe tener en cuenta que los recursos pueden ser usados por diversos departamentos, por lo que se identifica la necesidad de un recurso financiero analizando las actividades que requieren financiación (captación de fondos, adquisición de patrimonio o actividades de intervención social...), así como el tipo de recurso que sufragarán. Por ejemplo, es necesario conocer si la organización puede hacer frente a las especificidades de recursos financieros como el *factoring,* si necesita a personas trabajadoras o voluntarias y sus peculiaridades, si necesita tener patrimonio propio o puede ser cedido...

⮕ **Análisis de las capacidades y el entorno:** consiste en identificar:

a. Los recursos propios, es decir, los recursos obtenidos de las cuotas de personas socias, así como de donaciones periódicas y de la prestación de servicios, pero también de personas voluntarias y/o personas interesadas en realizar prácticas en la organización.

b. Los recursos ajenos, es decir, los recursos que se pueden obtener de las diferentes administraciones públicas y/o de entidades privadas —tanto no lucrativas, por ejemplo, de fundaciones bancarias, como lucrativas, que realizan actuaciones de mecenazgo—.

c. Analizar las consecuencias positivas de utilizar el recurso y cómo utilizarlas en beneficio de la organización.

d. Analizar las consecuencias negativas que conlleva utilizar el recurso y las herramientas para disminuirlas o eliminarlas.

Esta actuación permite establecer prioridades, es decir, evaluar qué proyectos o áreas requieren urgencia en la obtención de recursos para maximizar el impacto.

⮕ **Establecimiento de ejes estratégicos, objetivos y procedimientos comunes:** la captación de recursos exige que la organización adopte una actitud proactiva antes de la aprobación y puesta en marcha de cualquier proyecto, con el fin de garantizar su supervivencia. Además, es necesario tener en cuenta que ninguna subvención pública cubre la totalidad del coste/financiación de la actividad, por lo que es necesario diversificar las fuentes con las que se financia. Por ejemplo, los gastos del departamento de recursos humanos pueden imputarse a diferentes fuentes de financiación y/o subvenciones, para así obtener la totalidad del coste de la suma del porcentaje de horas que cada proyecto requiere.

Por otro lado, es importante mantener una relación con las fuentes de información que permita conocer fuentes de financiación, pero también utilizar las nuevas tecnologías/redes sociales para divulgar las actividades que hacemos e informar de actos que se efectúan para obtener recursos, beneficios de actuaciones de mecenazgo o donación privada.

 **DEFINICIÓN**

Factoring
Operación financiera que consiste en la adquisición de créditos con origen en la venta de inmuebles, la prestación de servicios o la realización de obras. Incluye la concesión de anticipos sobre dichos créditos, con o sin asunción de riesgos, y la gestión de su cobro al vencimiento.

De esta manera, se selecciona el recurso adecuado siguiendo una evaluación minuciosa basada en criterios claros y bien definidos, lo que no solo da base científica a la intervención, sino que también asegura la viabilidad de la organización.

7.2. Las donaciones

Tanto la ciudadanía como el sector empresarial representan otra vía importante de financiación para las asociaciones, ya que pueden ofrecer recursos en forma de donaciones o patrocinios que están reguladas normativamente en la **Ley 49/2002, de 23 de diciembre, de Régimen Fiscal de las Entidades sin Fines Lucrativos y de los Incentivos Fiscales al Mecenazgo.** Esta norma define, en su artículo 1, el mecenazgo como la participación privada en la realización de actividades privadas, a la par que establece:

⊃ **Requisitos a cumplir por los diferentes tipos de entidades beneficiarias:** la Ley 49/2002, de 23 de diciembre, de Régimen Fiscal de las Entidades sin Fines de Lucro y de los Incentivos Fiscales del Mecenazgo, establece, en su artículo 2, los diferentes tipos de entidades beneficiarias, dentro de las cuales se encuentran las entidades reconocidas como de utilidad pública. Además, en su artículo 3 establece sus requisitos:

◦ Destinar al menos el 70 % de las rentas e ingresos de explotaciones económicas a la realización de sus fines.

◦ Que la actividad económica relacionada con el desarrollo de explotaciones económicas ajenas a su objeto o finalidad estatutaria no supere el 40 % de los ingresos totales de la entidad.

Además, en su artículo 7, establece determinadas actividades exentas del Impuesto sobre Sociedades de las ONG.

➲ **Rentas exentas del Impuesto sobre Sociedades:** la Ley 42/2002 establece que las ONG están exentas de declarar determinados conceptos en su Impuesto sobre Sociedades (artículo 7). Pero también regula, en su artículo 18, la base de las deducciones por donativos, donaciones y aportaciones realizadas en favor de las ONG; y, en su artículo 20, la deducción de la cuota del Impuesto sobre Sociedades.

➲ **Rentas exentas del IRPF:** la Ley 12/2002 establece la deducción de la cuota del Impuesto sobre la Renta de las Personas Físicas, en su artículo 19; y, en su artículo 21, la deducción de la cuota del Impuesto sobre la Renta de No Residentes.

Esta misma ley también regula el régimen fiscal de otras formas de mecenazgo: los convenios de colaboración empresarial con entidades de interés general y los programas de apoyo a acontecimientos de excepcional interés público.

DEFINICIÓN

Convenios de colaboración empresarial con entidades de interés general

Se elaboran para la realización de actividades de interés general relacionadas con el objeto o finalidad específica de una entidad beneficiaria de mecenazgo a cambio de una ayuda económica de naturaleza dineraria, en especie o que consista en una prestación de servicios realizada en el ejercicio de la actividad económica propia del colaborador. El convenio establece por escrito el compromiso a difundir, por cualquier medio, la participación del colaborador en dichas actividades.

Programas de apoyo a acontecimientos de excepcional interés público

Conjunto de incentivos fiscales específicos aplicables a las actuaciones que se realicen para asegurar el adecuado desarrollo de los acontecimientos que, en su caso, se determinen por ley.

7.3. Las subvenciones

La Ley 38/2003, de 17 de noviembre, General de Subvenciones, las define en su artículo 2 como toda disposición dineraria efectuada a favor de personas públicas o privadas, que se caracteriza por:

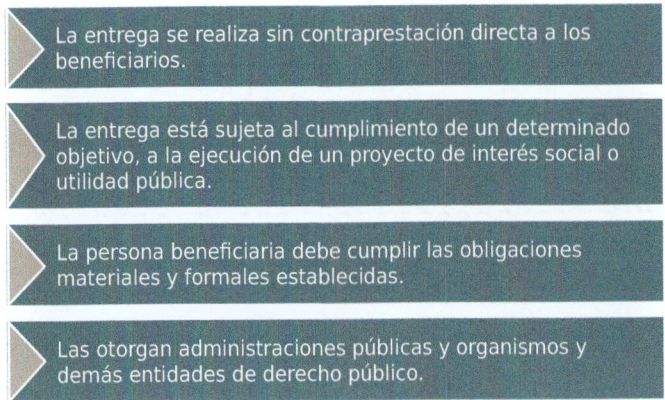

La entrega se realiza sin contraprestación directa a los beneficiarios.

La entrega está sujeta al cumplimiento de un determinado objetivo, a la ejecución de un proyecto de interés social o utilidad pública.

La persona beneficiaria debe cumplir las obligaciones materiales y formales establecidas.

Las otorgan administraciones públicas y organismos y demás entidades de derecho público.

La gestión de subvenciones se realiza teniendo en cuenta los principios de:

Publicidad — Transparencia — Concurrencia — Objetividad

Igualdad — No discriminación — Eficacia — Eficiencia

Para asegurar su cumplimiento, se creó el Sistema Nacional de Publicidad de Subvenciones y Ayudas Públicas, que no recoge las ayudas de la Unión Europea.

Las ayudas de la Unión Europea se gestionan de manera:

- **Directa:** la Comisión Europea dispone de subvenciones destinadas a realizar actividades que contribuyan a la política de la Unión Europea, que es la responsable de todas las fases del programa, y las publica en el portal de financiación y licitaciones de la Unión Europea (SEDIA).
- **Indirecta:** representa el 10 % del presupuesto, así como la mayor parte de las ayudas que concede la UE. Se caracteriza porque los proyectos son ejecutados —total o parcialmente— por terceros, como ONG internacionales o autoridades nacionales.

⮕ **Compartida:** representa en torno al 70 % de los programas de la UE, que ha publicado diversos materiales para apoyar el aprovechamiento de las oportunidades disponibles en su territorio.

NOTA

Para aumentar las posibilidades de éxito al solicitar una subvención, es crucial realizar un riguroso análisis de las convocatorias disponibles, asegurando que sus objetivos estén alineados con los del programa financiador.

7.4. El concierto social

El concierto social es una manera de colaboración público-privada para la prestación de servicios sociales que se caracteriza porque, mediante esta fórmula, la Administración pública delega la realización de actuaciones que le son propias en entidades del tercer sector, las cuales reciben una contraprestación económica por ello. Esta modalidad de colaboración se caracteriza porque:

> Se perciben ingresos por las intervenciones realizadas o plazas ocupadas.

> Los ingresos percibidos pueden no sufragar la totalidad del coste.

> El acceso al recurso lo establece la Administración pública.

Esta fórmula de colaboración público-privada está reconocida en la Ley de Contratos del Sector Público y, al implementarse en el ámbito de los servicios sociales, es regulada de manera específica por cada comunidad autónoma en su propia ley de servicios sociales y en su normativa de desarrollo.

7.5. Venta de servicios

Las entidades del tercer sector pueden realizar actividades con fines de lucro, al objeto de financiar sus actividades, de manera directa o indirecta.

 EJEMPLO

De manera indirecta
La entidad bancaria Caixabank pertenece al Grupo Fundación La Caixa, que gestiona la obra social y las participaciones empresariales a través de CriteriaCaixa.

De manera directa
Diversas entidades sociales están registradas como agencias de colocación para ayudar a encontrar empleo a las personas desempleadas vulnerables.

Además, las ONG pueden participar en la prestación de contratos públicos siempre que estos estén relacionados con su finalidad.

 ACTIVIDAD 5

La asociación Puertas Abiertas quiere ampliar su programa de apoyo a mujeres en riesgo de exclusión social y busca financiación pública para poder contratar a nuevas profesionales. Su presidenta pregunta qué tipo de ayuda o prestación pública podría solicitar para este fin. ¿Podrías asesorarla?

 TAREA 2

María ejerce en una asociación como técnica de promoción de igualdad entre mujeres y hombres y, entre sus funciones, se encuentra ayudar al resto del *staff* técnico en la elaboración de una guía de recursos y base de datos sobre recursos que les permitan realizar su trabajo. Concretamente, a María le han encargado el apartado sobre fuentes y formas de financiación. ¿Qué actuaciones realizará?

8. Resumen

El tejido asociativo ha cobrado una relevancia especial en las últimas décadas, puesto que es un motor de:

Su sustentabilidad e impacto dependen, en gran medida, del soporte técnico y la financiación que se pueda obtener para llevar a cabo sus actividades. Para ello, es necesario tener en cuenta los distintos recursos, y seguir un proceso para:

Las administraciones públicas, en sus diferentes niveles territoriales, desempeñan un papel fundamental mediante:

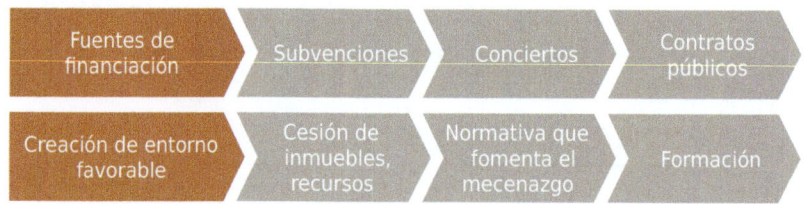

El pilar de cualquier organización reside en sus recursos humanos, en las personas que la componen y que impulsan con pasión y dedicación sus iniciativas. Estos están formados por:

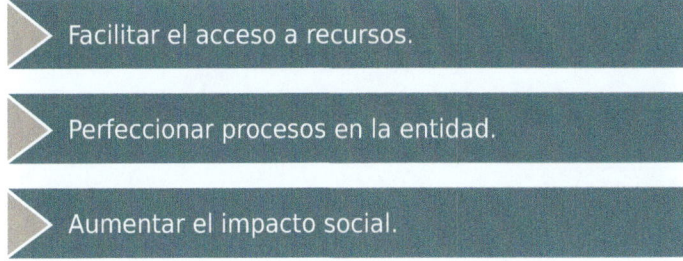

Los recursos humanos constituyen el verdadero agente de cambio social y, por ello, las entidades deben realizar actuaciones para atraerlos, capacitarlos y retenerlos.

En las entidades de igualdad de género, la persona profesional de igualdad realiza importantes competencias para:

> Facilitar el acceso a recursos.

> Perfeccionar procesos en la entidad.

> Aumentar el impacto social.

Por ello, en las dinámicas de apoyo técnico y financiero, también capacita a los futuros profesionales para desarrollar e implementar estrategias de soporte efectivas que persiguen inspirar y fortalecer a las organizaciones, dotándolas de las herramientas y conocimientos necesarios para navegar y convertirse en motores significativos para el progreso social.

Ejercicios de autoevaluación
Unidad de aprendizaje 2

1. ¿Cuál de las siguientes características no es propia del voluntariado?

   a. Compromiso social
   b. Remuneración económica
   c. Solidaridad
   d. Trabajo en equipo

2. ¿Qué tipo de financiación es una opción para las entidades sin ánimo de lucro?

   a. Subvenciones
   b. Préstamos personales
   c. Inversiones en bolsa
   d. Venta de productos no relacionados con su objeto social

3. ¿Qué papel tiene el profesional en el apoyo y soporte técnico en el tercer sector?

   a. Es un pilar fundamental.
   b. No tiene relevancia.
   c. Solo se encarga de la contabilidad.
   d. Es un asesor externo.

4. ¿Qué organismo pone a disposición de la ciudadanía guías de recursos sobre violencia de género?

   a. Instituto de la Mujer
   b. Ministerio de Sanidad
   c. Consejería de Educación
   d. Todas las opciones son correctas.

5. ¿Qué tipo de mecenazgo se menciona en la Ley 49/2002?

   a. Convenios de colaboración empresarial
   b. Préstamos a bajo interés

c. Inversiones en acciones

d. Donaciones anónimas

6. ¿Cuál es un objetivo específico clave del dinamizador comunitario?

a. Identificar funciones del resto de las personas del equipo interdisciplinar.

b. Conocer ayudas para asociaciones y recogerlas en guías y bases de datos.

c. Gestionar recursos humanos.

d. Todas las opciones son correctas.

7. ¿Cómo se caracterizan principalmente los recursos no tangibles?

a. Por ser materiales y físicos.

b. Por estar relacionados con aptitudes y habilidades.

c. Por su valor monetario directo

d. Se miden en cantidad.

8. ¿Qué papel fundamental desempeña la Administración pública en el apoyo asociativo?

a. Crear nuevas asociaciones.

b. Fortalecer el tejido asociativo.

c. Gestionar directamente los recursos.

d. Regular el sector productivo.

9. Una práctica importante en la gestión de voluntariado incluye:

a. Asignar tareas sin supervisión.

b. El hostigamiento hacia las personas voluntarias para aumentar las contrataciones en la organización.

c. La remuneración de los gastos ocasionados por la actividad voluntaria.

d. El pago de un salario libre de cotizaciones sociales y de retenciones de IRPF.

10. La colaboración entre la Administración pública y las asociaciones contribuye a:

      a. Generar burocracia.
      b. Reducir la transparencia.
      c. Evitar el diálogo.
      d. Fortalecer las políticas públicas.

Glosario

Acta fundacional
Acuerdo de constitución en el que las personas promotoras o fundadoras expresan su voluntad de crear la asociación y establecen los primeros acuerdos de su funcionamiento.

Asociaciones de interés particular
Aquellas que buscan mejorar el bienestar de sus miembros. Algunos ejemplos son las asociaciones de alumnos, las vecinales, las deportivas...

Asociaciones de interés general
Aquellas que buscan mejorar el bienestar de la sociedad.

Asociaciones declaradas de interés general
Aquellas que cumplen con los requisitos establecidos normativamente.

Análisis DAFO
Estudio interno de la entidad basado en los aspectos positivos de la propia entidad y del entorno (fortalezas y oportunidades) y en los aspectos negativos de la organización y del entorno (debilidades y amenazas).

Concierto social
Tipo de colaboración público-privada para la prestación de servicios sociales. Mediante esta fórmula, la Administración pública delega actuaciones propias en entidades del tercer sector, que reciben a cambio una contraprestación económica.

Convenios de colaboración empresarial con entidades de interés general:
Se elaboran para la realización de actividades relacionadas con el objeto o finalidad específica de una entidad beneficiaria de mecenazgo. A cambio, la entidad recibe una ayuda económica —en dinero, en especie o mediante una prestación de servicios realizada en el ejercicio de la actividad propia del colaborador—. El convenio establece por escrito el compromiso

de difundir, por cualquier medio, la participación del colaborador en dichas actividades.

Crowdfunding
Aportación colectiva de numerosas personas que ponen en común sus recursos para financiar proyectos empresariales o sociales promovidos por otros agentes económicos.

Desarrollo comunitario
Proceso destinado a crear condiciones de progreso económico y social para toda la comunidad, con su participación activa y la máxima confianza en su propia iniciativa.

Entidades del tercer sector
Organizaciones de carácter privado, surgidas de la iniciativa ciudadana o social y bajo diferentes modalidades. Responden a criterios de solidaridad y participación social, persiguen fines de interés general y actúan sin ánimo de lucro. Impulsan el reconocimiento y el ejercicio de los derechos civiles, económicos, sociales y culturales de las personas y grupos en situación de vulnerabilidad o en riesgo de exclusión social.

Federaciones, confederaciones y uniones de asociaciones
El artículo 2 del Real Decreto 949/2015, de 24 de octubre, define las federaciones, confederaciones y uniones de asociaciones como "entidades asociativas de segundo grado, cuyos promotores son personas jurídicas de naturaleza asociativa constituidas al amparo de dicha ley orgánica e inscritas en el Registro Nacional de Asociaciones o en los correspondientes registros autonómicos de asociaciones". Además, especifica que "se consideran federaciones y uniones las entidades promovidas por tres o más asociaciones, y confederaciones las entidades promovidas por un mínimo de tres federaciones".

Fundación
Organización constituida sin ánimo de lucro que, por voluntad de sus creadores, destina de forma duradera su patrimonio a la realización de fines de interés general.

Fundraising
Captación estratégica de fondos privados por parte de entidades sin ánimo de lucro. Se presenta como una fórmula alternativa de movilizar recursos financieros, que ofrece diferentes soluciones ajustadas al horizonte temporal y al perfil de riesgo de quienes aportan la financiación (inversores) y de quienes la reciben (organizaciones o emprendedores).

ONG
Organización, grupo o institución sin ánimo de lucro que opera independientemente de un gobierno y que tiene objetivos humanitarios o de desarrollo.

Patronato
Órgano de gobierno y representación de la fundación. Adopta sus acuerdos por mayoría, en los términos establecidos en los Estatutos, y se encarga de cumplir los fines fundacionales, así como de administrar con diligencia los bienes y derechos que integran el patrimonio de la fundación, para mantener su rendimiento y utilidad.

Programas de apoyo a acontecimientos de excepcional interés público:
Conjunto de incentivos fiscales específicos aplicables a las actuaciones que se realicen para asegurar el adecuado desarrollo de los acontecimientos que, en su caso, se determinen por ley.

Protectorado
Órgano administrativo adscrito a una Administración pública encargado de velar por el cumplimiento de la legalidad y el correcto funcionamiento de las fundaciones. Realiza funciones de asesoramiento y apoyo técnico, control y supervisión, protección de los derechos de la fundación, impulso de la legalidad y fomento de la transparencia.

Sin ánimo de lucro
La ausencia de ánimo de lucro implica que los beneficios o excedentes económicos obtenidos anualmente no pueden repartirse entre los socios, sino que deben reinvertirse para cumplir la finalidad de la asociación. Sin embargo, ello no impide la realización de actividades económicas destinadas a financiar las acciones necesarias para alcanzar dicha finalidad.

Subvención
Disposición dineraria efectuada a favor de personas físicas o jurídicas, públicas o privadas. Se concede sin exigir una contraprestación directa, aunque está sujeta al cumplimiento de un objetivo específico y al acatamiento de las obligaciones materiales y formales establecidas. Son otorgadas por las administraciones públicas y otros organismos de derecho público.

Bibliografía

Monografías

→ Ministerio del Interior: *Registro Nacional de Asociaciones y entidades de utilidad pública. Guía práctica de asociaciones.* Madrid: Ministerio del Interior, Gobierno de España, 2016.

> Recoge información tanto sobre formularios y modelos a presentar en el Registro como sobre el régimen jurídico de asociaciones y aspectos relacionados con el Registro: la manera de solicitar la inscripción en el Registro, la modificación de estatutos, la inscripción de miembros de la Junta

→ RODRÍGUEZ Jover, A: *Responsabilidad social corporativa. ADGG072PO.* Antequera: IC Editorial, 2019.

> Especialidad formativa en la que se describen tanto aspectos básicos de la responsabilidad social corporativa (ámbito de actuación, iniciativas y foros de participación y representación) como aspectos relacionados con la gestión de la responsabilidad social corporativa y la realización de actuaciones en y con el tercer sector.

Textos electrónicos

→ Instituto de las Mujeres, de: <https://www.inmujeres.gob.es>.

> Página web nacional del Instituto de las Mujeres, en la que se puede encontrar información muy diversa relacionada con el ámbito de la igualdad en los distintos escenarios donde se puede aplicar.

→ Ministerio de Igualdad, de: <https://www.igualdad.gob.es/>.

> Página web del Ministerio de Igualdad, integrada por enlaces a organismos relacionados con este ámbito, además de noticias, normativas e información institucional.

Legislación

→ Ley 43/2015, de 9 de octubre, del Tercer Sector.

Regula las entidades de acción social sin ánimo de lucro que operan a nivel estatal, estableciendo su definición, los principios que las rigen, y las medidas de fomento y participación con la Administración General del Estado para impulsar el bienestar social y la protección de colectivos vulnerables.

→ Ley 50/2002, de 26 de diciembre, de Fundaciones.

Regula las fundaciones, estableciendo aspectos relacionados con su constitución, órganos de gobierno y patrimonio, así como su interacción con la Administración pública a través del patronato o el Consejo Superior de Fundaciones.

→ Ley Orgánica 1/2002, de 22 de marzo, Reguladora del Derecho de Asociación.

Es la principal ley que regula las asociaciones sin ánimo de lucro en España, y establece el derecho a asociarse libremente para fines lícitos, el proceso de constitución de asociaciones, sus requisitos de funcionamiento democrático, y excluye explícitamente actividades ilegales y de carácter paramilitar o secreto.

→ Real Decreto 1491/2011, de 24 de octubre, por el que se aprueban las Normas de Adaptación del Plan General de Contabilidad a las Entidades sin Fines Lucrativos y el Modelo de Plan de Actuación de las Entidades sin Fines Lucrativos.

→ Real Decreto 949/2015, de 23 de octubre, por el que se aprueba el Reglamento del Registro Nacional de Asociaciones.

Su objetivo es garantizar la publicidad, transparencia y acceso a la información sobre las asociaciones inscritas en España, así como establecer los procedimientos de inscripción y gestión.

→ Real Decreto 1740/2003, de 19 de diciembre, sobre Procedimientos Relativos a Asociaciones de Utilidad Pública.

Regula los procedimientos para que las asociaciones, federaciones, confederaciones y uniones de asociaciones sean declaradas de utilidad pública. También regula la rendición de cuentas anuales de estas entidades, detallando cómo presentar sus cuentas y la memoria de actividades para reflejar el patrimonio y el estado financiero, y establece la revocación de la declaración de utilidad pública en caso de incumplimiento.

Este Real Decreto establece que, para aquellos aspectos no modificados por sus anexos, se aplicará el PGC aprobado mediante el Real Decreto 1514/2007, de 16 de noviembre, por el que se aprueba el Plan General de Contabilidad. Además, determina las reglas contables y el modelo de memoria que deben utilizar estas entidades para su gestión y presentación financiera.

→ Resolución de 26 de marzo de 2013, del Instituto de Contabilidad y Auditoría de Cuentas, por la que se aprueba el Plan de Contabilidad de Pequeñas y Medianas Entidades sin Fines Lucrativos.

> Este plan, publicado en el Boletín Oficial del Estado, estableció las normas contables específicas para las entidades sin fines de lucro, que pueden aplicar este plan para llevar su contabilidad.

→ Resolución de 26 de marzo de 2013, del Instituto de Contabilidad y Auditoría de Cuentas, por la que se aprueba el Plan de Contabilidad de las Entidades sin Fines Lucrativos.

> Es la norma que establece las directrices contables obligatorias para estas organizaciones en España. Esta resolución detalla cómo deben registrar y presentar la información financiera las entidades con un propósito no lucrativo, como fundaciones, de acuerdo con la legislación vigente en ese momento.